玩赚指数基金

望京博格◎编著

電子工業出版社
Publishing House of Electronics Industry
北京•BEIJING

内容简介

指数投资理念的本质是以低成本获取市场长期收益。随着证券市场发展，指数投资工具与投资策略呈现多元化态势。本书使用通俗的语言为投资者讲解指数基金的投资与选择，以及如何使用指数基金进行资产配置。内容包括：指数基金选择、大类资产配置、基于指数基金的资产配置等。

本书阅读零门槛，适合所有对指数基金投资感兴趣的投资者阅读。

图书在版编目（CIP）数据

玩赚指数基金 / 望京博格编著. —北京：电子工业出版社，2019.4

ISBN 978-7-121-34646-0

Ⅰ.①玩… Ⅱ.①望… Ⅲ.①指数－基金－投资 Ⅳ.①F830.59

中国版本图书馆CIP数据核字（2018）第141275号

责任编辑：高洪霞
印　　刷：北京天宇星印刷厂
装　　订：北京天宇星印刷厂
出版发行：电子工业出版社
　　　　　北京市海淀区万寿路173信箱　　　　邮编：100036
开　　本：720×1000　1/16　印张：12　　　字数：196千字
版　　次：2019年4月第1版
印　　次：2020年8月第3次印刷
定　　价：59.80元

凡所购买电子工业出版社图书有缺损问题，请向购买书店调换。若书店售缺，请与本社发行部联系，联系及邮购电话：（010）88254888，88258888。

质量投诉请发邮件至zlts@phei.com.cn，盗版侵权举报请发邮件至dbqq@phei.com.cn。

本书咨询联系方式：（010）51260888-819，faq@phei.com.cn。

写在前面的话

如果你问：有什么指数基金可推荐？现在是否适合买入？什么时候卖出？

我建议你回忆一下，之前有人拍着胸脯回答你这些问题时的情景，以及之后的投资结果……

本书或许无法回答这些问题，但是读过本书并认真应用之后，你的投资年化收益率可以提高 5% ～ 8%，因为它可以帮你节约投资成本，省下的就是赚到的！

目录

第 1 章 从资产配置角度看人生

笔者曾买过一只有色金属行业的股票，本来预期大涨，却突然下跌了，心里就有点慌了，还特地搜索了几份研究报告来看，给自己打气。但仔细一想，这不是"韭菜们"才干的事情吗？又有多少人乐此不疲，一直在这样做呢？

突然一阵微风吹过，让我醍醐灌顶，联想到了资产配置理论与人生的关系，不同的人有着不同的经历与收入，正如不同的金融工具有不同的风险与收益。

资产配置的理论基础就是哈里·马科维茨开创的现代投资理论，简而言之，就是超额收益来源于其所承担的超额风险。图 1.1 中散落的点如同不同的人生。所**承担风险低的投资，收益一定低，而所承担风险高的投资，收益却不一定高。**

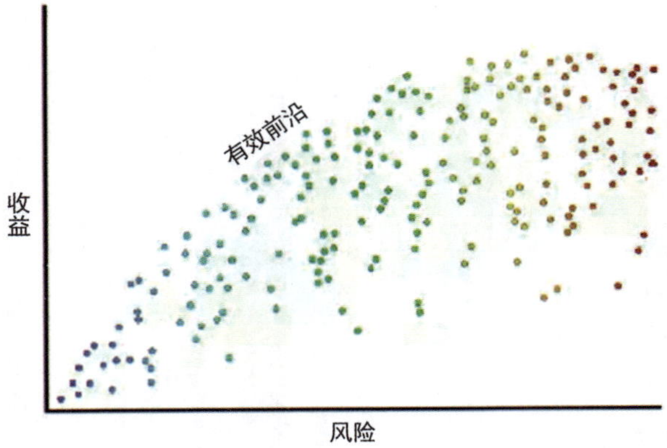

图 1.1 资产配置的有效前沿

金融工具可以粗略地分为定期存款 / 债券、企业债券、可转换债券、权益资产 4 类，这似乎也代表了 4 类人生。

（1）定期存款 / 债券（固定工资无奖金模式）

这类人每日按时上下班打卡，干领导安排的任务，按月领取固定工资。假设月收入为 5000 元，定期存款利率为 5% 的话，如果他们可以一直工作下去，那么这部分人群的人生估值为（5000×12）元 /（5%）=120 万元。随着熟练程度的提高，月工资还有上升的空间，但通常到 30~40 岁，这类人就会遇到人生瓶颈。

（2）企业债券（固定工资有奖金模式）

这类人每日按时上下班打卡，有一定的工作绩效指标（KPI），有绩效就有奖金。假设月收入为 5000 元，定期存款利率为 5%，另外，奖金可能为工资的 0.5~3 倍。例如销售人员，随着客户关系网的扩大，估计奖金金额还有很大的上升空间，这些人的人生估值是第一种模式的两倍以上，可能有 500 万元并且还有很大盼头……用俗话说是“成长性好”，用学术名词说就是“PEG”不错。

（3）可转债（有工作、有奖金还有期权模式）

这类人基本上都是公司的中高层了，还有机会把公司管理层收购（MBO），就是有可能“把公司变成自己的”。月薪 5 万元起，按定期利率 5% 估值都是千万元起，再加上持有的大公司股权，再利用资产重组，身价过亿元不是梦想。

（4）股权资产（“公司就是我自己家的”模式）

俗话说得好，人无股权不富。但是，必须要说明持有的是哪家公司的股权，如果持有阿里巴巴、腾讯等大公司股权 1% 以上，那都是大富豪，如果持有创业的小公司的股权，再遇到那占比 99.9% 的创业失败的小公司，股权就什么都不是了；另外持有多少股票这一点也很重要，有阿里巴巴、腾讯等大公司的总股权的 1% 那就是上百亿元……如果你在二级市场买了一股，那么只有几百元钱。相比而言还是可转债好啊，公司业绩好了就转债，不好就要本息。

人生如投资，但凡投资都需要本金，若没有本金，再有能力也没用。所以并非富二代的我们都必须从“定期存款 / 债券”干起，然后需要投资点股权资产来优化资产配置，比如定投沪深 300 指数、中证 500 指数之类，这从另外一个侧面验证了资产管理市场的巨大需求。

第 2 章 通货膨胀是财富最大的“敌人”

我们经常在新闻中听到类似这样的事情：“某老人 44 年前存的 1200 元被连本带利取回来了，银行相关负责人介绍，这笔存单的利息计算要涉及 1972 年、1980 年、1993 年等的多次储蓄管理制度变革，至少 16 次的利率调整，还要考虑到利息个人所得税的多次变化。经过多方计算确认，在支取日这笔存单本息合计为 2684.04 元，其中利息为 1484.04 元。”再想想当时的 1200 元和现在的 1200 元分别能买到的物品，感叹之余给我们最大的启发就是，通货膨胀是财富最大的“敌人”。

或许中国的金融历程尚不足以展示通货膨胀的威力，那我们就引用《全球资产配置》一书中作者对美国 100 多年各类资产的收益统计，展示一下通货膨胀在美国及全世界的威力吧。

在许多投资者开始自己的投资事业时，并没有真正了解过去发生的故事，而往往是根据其自身经历与经验去预测未来。我母亲总是告诉我，投资就是买一些股票，然后长期持有。但是生活在美国的，尤其是在 20 世纪 80~90 年代进行投资的人们，其经历就与其父母——生活在大萧条时代的人们，有着很大的不同。同样，即使身处同一个时代，日本投资者、美国投资者与德国投资者之间的经历也是完全不同的。

那么根据历史数据，什么是合理且可行的期望回报呢？我们应该首先讨论货币的价值。几年前，我和父亲聊天，他决定寻找一个真实的通货膨胀的例子。几周后，我收到一封信，里面夹着一张我祖父在 20 世纪 10 年代写的一张支票。他是一个来自法国福格斯并且最后定居于美国内布拉斯加州的农民。那时的 0.50 美元约等于现在的 13 美元，这展示了一个非常简单的通货膨胀的例子。作为一个佐证，你可以仔细查看支票上的笔记，如图 2.1 所示。

来源：麦嘉华先生

图 2.1 真实世界的通胀

有个例子我们比较熟悉，就是经常被提起的一句话，“我记得当时可口可乐才 10 美分”。通货膨胀是一个热门主题。它通常与关于美联储的争论紧密相连。在经济和政治领域，没有多少话题比“美联储”和“美元”更具影响力。

图 2.2 所示为几乎在所有投资教材中都有的最著名的图片之一，展示了自美联储创建以来的美元购买力。

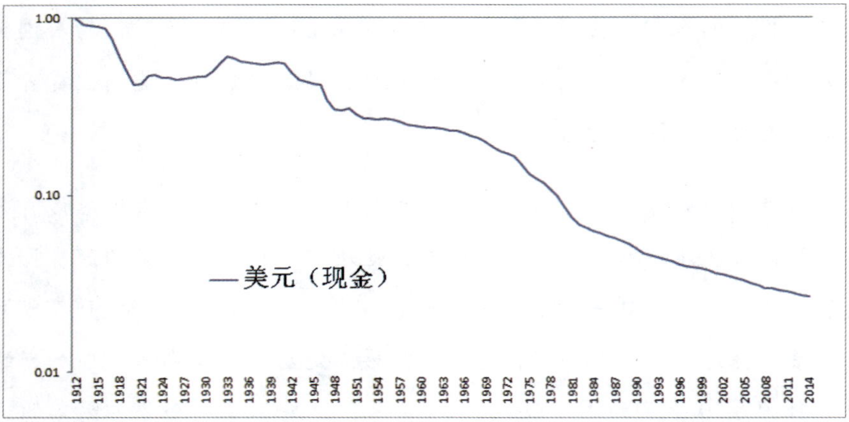

数据来源：Global Financial Data

图 2.2　美元购买力（1912—2014 年）

描述通常延续 ZeroHedge 的说法：

“这是他们不希望你看到的图表：过去 76 年以来美元的购买力下降了 94%。根据目前的货币政策和财政政策，至少还有另外 94% 的贬值空间。唯一的问题是这次是否在 76 个月内实现。”

上述描述实际上是真实的，1913 年的 1.00 美元保存到现在仅相当于当初的 0.03 美元，源于通货膨胀的影响(平均年化率约为 3.2%)。但是如图 2.2 所示，在 21 世纪美元保持温和通货膨胀(通货膨胀、通货紧缩和高通胀混合在一起)。

图表可以证明这些言论，这些言论通常带有感叹号、加粗文本和“资本家”，叫嚣着关闭美联储、买黄金、出售股票，并建立存放枪支、食物和弹药的堡垒。文章写成这样的原因是，它们使得人们情绪化，这样肯定会成为头条新闻。

我们忽略了最重要的问题——投资者必须使用这些美元做些什么事情。假定你是 1913 年的投资者。你可以选择把美元放在床垫下，在这种情况下你的购买力会如图 2.2 所示随着时间急速下降。你也可以花钱去消费，比如度假、娱乐、买衣服或食物。或者你投资短期国债，在这种情况下，美元购买力可以被完好地保存下来，而你当时的 1.00 美元现在价值 1.33 美元（每年实际回报率约为 0.26%）。所以你没有真正赚钱，但是你也没有失去任何钱。

请注意，“实际回报”是指投资者在扣除通货膨胀后得到的回报。如果投资回报率为 10%（我们称之为名义回报率），但当年通货膨胀率为 2%，那么实际回报率只有 8%。实际回报是一个非常重要的概念，因为在时间框架下比较它们更有效。通货膨胀率为 8%（实际回报率为 2%）的 10% 的回报率与通货膨胀率为 2%（实际回报率为 8%）的 10% 的回报率有很大不同。为了更方便地理解实际回报，我们可以将其想象为“可以吃的回报”。1 美元的可乐的成本可能与 0.1 美元的可乐的成本相同，你只是用膨胀的美元进行支付（并且可能得到的是玉米糖浆而不是真正的糖）。

如果你决定承担一点风险，那么可以投资期限更长的债券（公司债券），以及黄金、股票、房地产，甚至葡萄酒和艺术品，所有这些都比你将现金放在床垫下强很多。

图 2.3 所示为股票、债券和短期国债的实际回报。如果你将辛苦赚来的现金放在床垫下，那么当时的 1 美元，现在的价值只有 3 美分；如果你将其投资短期国债，那么现在价值为 1.33 美元；如果你将其投资十年期债券，那么现在价值为 5.68 美元；如果你将其投资股票，那么现在价值高达 492 美元。

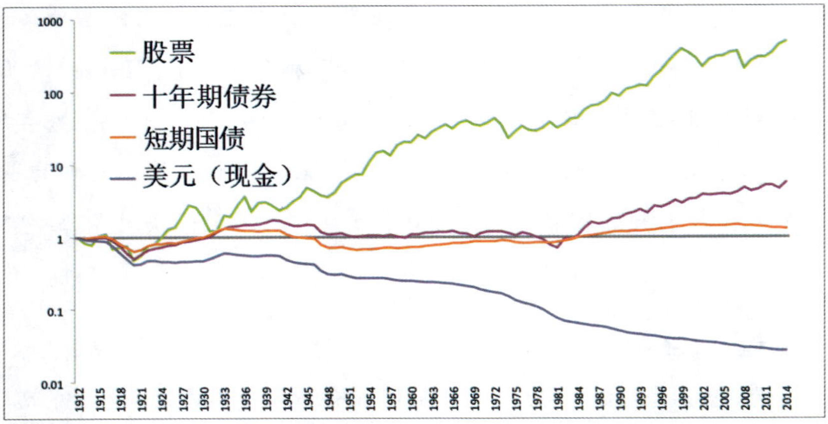

数据来源：Global Financial Data，Shiller

图 2.3　美元购买力（1912—2014 年）

对于那些正在寻找历史市场回报方面优质书籍的读者，向你们推荐我最爱的书，《乐观主义者的胜利：101 年全球投资回报》（*Triumph of the Optimists: 101 Years of Global Investment Returns*，瑞士信贷每年免费提供更新版，强烈推荐每年更新版）。这本神奇的书讲述了在整个 20 世纪，许多全球大类资产都为购买并长期持有它们的投资者创造了可观回报。这本书还讲述这些资产如何经历有规律的且痛苦的回撤，例如 2008 年全球金融危机。

不幸的是，对于投资者而言，他们的投资组合仅有两个状态——（历史）高点与（收益）回撤。对于那些不熟悉回撤的投资者而言，回撤就是当前投资组合相对应历史高点的亏损。例如，你投资 100 美元，它亏损到 75 美元，则回撤率为 25%。如果它上升到 110 美元，那么投资组合回撤率是 0（处于历史高点）。

第 3 章 美国市场财富管理行业的发展之路

笔者一直从事资产管理行业，有时候很迷茫，想做一些有利于客户的事情，但苦于没有合适的盈利商业模式。目前该行业赚钱的主要方式就是“薅客户”，有人开玩笑说：“客户就在那里，你不薅，总有人薅。”迷茫之际，研究一下美国的财富管理发展之路，或许对大家有所启发。

1.“薅客户”的方法与结局

美国第一只共同基金（类似国内公募基金）是在 1924 年由曼彻斯特投资信托公司发行的，然后个人投资者才接受专业化管理的投资组合、分散化投资以及相对低成本的投资概念。截至 20 世纪 20 年代末，又有 16 只基金被创立。

这些基金大多是由大银行创立的，且这些银行可以向投资者贷款购买其发行的基金。

在20世纪20年代，银行建立的基金公司以一种不计后果的方式来运作。银行将钱借给基金投资者，而后者欣然接受。十倍杠杆投资者非常普遍。在繁荣的20世纪20年代，大量的资金流入股票信托市场，银行毫无顾忌地为那些没有盈利、没有信用的公司承销股票，就连当时最差的公司都能被引入银行发行的基金。当一家盈利并且信用优良的公司发行股票和债券时，这些股票和证券会进入银行的相应账户。

1929年10月24日，美国历史上最严酷的熊市开始了。银行立刻要求那些利用高杠杆的投资者归还贷款，但是多数投资者无钱偿还贷款。因此，银行开始降低共同基金仓位，并向市场抛售股票。这造成股票市场的进一步下跌，从而导致质押率的降低，接着有更多的贷款需要偿还，引发更多的违约、更多的抛售……市场的这种恶性螺旋循环下跌大约持续了3年。银行系统也在1932年遭受到巨大的打击，许多红极一时的大银行被永久性关闭。许多个人投资者变得一无所有，特别是那些信任银行并在银行存款的客户，即使没有投资共同基金，随着银行的倒闭，他们的钱也化为乌有，因为那时政府没有制定存款保险制度。这次金融崩溃时期就是后来人们熟知的“大萧条”时期。

2. 监管总是在灾难之后

通常在经济危机之后，紧跟着的是严厉的监管，政府会推出各种法规避免基金危机的再次发生……但是历史告诉我们，经济危机是不会消失的……

为重拾投资者信心，美国国会通过听证会，通过了1933年证券法。根据该法律，每只进入一级市场的证券都必须通过政府的审查，并维护投资者的知情权。《格拉斯·斯蒂尔法案》将银行分为商业银行和投资银行。商业银行不能介入股票与债券发行业务，投资银行不能介入储蓄与借贷业务。

1934 年证券交易法：规范了股票发行后在股票交易所的交易（也叫作二级市场）。该法律规定了在二级市场上进行股票交易的公司必须定期发布财务报告以及所要求的其他报告。

1940 年投资公司法（以下简称“40 法”）：1929 年市场崩溃，投资者对金融系统失去信心。为恢复投资者信心，防止共同基金以往不道德行为的重演，美国国会通过了该法案。该法案为所有投资信托和投资公司的运作制定了严格标准。该法案简称“40 法”，它确立了基金公司必须遵循的定期报告制度和分散化的要求，制定了广告标准以及配合美国证券交易委员会监管的规定。

根据“40 法”建立的 ETF 分为两种，单位投资信托（UIT）和受监管投资公司（RIC）。UIT 采取被动式管理模式，成份股分红不能进行分红再投资，而是将分红放入无利息账户，定期分配给投资者。RIC 允许主动管理与分红再投资，先锋（Vanguard）采用 RIC 模式研发被动投资 + 分红再投资的复合模式。先锋为这种模式申请了专利保护，其他公司可以购买使用权（但是至今没有公司这么做）。

3. 个人投顾与嘉信理财的崛起

传统的金融机构销售理财产品的模式：公司负责产品采集，并制定各种 KPI 与奖励办法促进渠道销售。在这种模式中最大的问题是公司利益如何与客户利益一致，客户经理通常受到 KPI 或者销售奖励的诱惑，将并不适合投资者的产品销售给该投资者。这个问题似乎是一个死循环，无解。如我国所有券商的经纪业务向财富管理转型一样，如果财富管理就是卖产品，则大家都可以转型成功，否则同样是死局。

在这样的情况下，美国金融机构很多资深的具有客户资源的人士，纷纷离职成立独立理财工作室，不再以赚取代销费用为目标，而是通过向客户收取咨询费用模式，保持自己与客户利益一致（费用通常是客户资产的 1% 左右）。但问题是，财富管理需要工具，需要账户管理系统、投资组合系统等信息技术的支持，如果没有这些，这些独立投顾的工作就无法实现。在这个时候嘉信理财发现这个市场趋势：从折扣经纪商转型为账户服务商，获得这些独立投顾，便获得这些独立投顾的客户。对于独立投顾而言，除了账户管理系统之外，最大的需求就是进一步降低投资金融产品的成本。因为专业的投顾深知金融产品成本对业绩的影响，这些离开金融机构的资深从业者如果想在收取咨询费的前提下保持客户资产的投资业绩，唯有降低金融产品的成本。嘉信通过技术系统帮助投顾与客户实现了这一目标。例如，某基金 1000 元的申购费率为 0.3%，10 万元的申购费率为 0.1%，嘉信理财通过将小客户汇集为大客户的模式，使任何客户通过嘉信理财申购该基金费率都为 0.1%。

4. 先锋使同业变得绝望

近来有消息称，全球最大的资管和主动管理机构之一——富达国际，正在准备调整公司的基金收费模式，计划降低管理费，并将费用更多地与业绩挂钩。这是继德国安联资管后第二家大型主动管理资产机构做出此类尝试。富达国际是世界上管理主动型共同基金（国内称为公募基金）规模最大的基金公司之一，但是其管理规模只有行业老大贝莱德的 1/3 左右，主动型基金的最显著特征就是管理费高，然而收了高额管理费就能创造好业绩吗？这两者之间似乎没有什么关系，在美国如此，在中国也是如此。但收较高管理费这种商业模式看上去不错，2 万亿美元的管理规模，每年平均 0.6% 的管理费率，一年收益就是 120 亿美元的管理费，有这么好的生意，富达国际为何要主动降低管理费率呢？

这需要从先锋基金说起。如何解决金融机构股东盈利需求与投资者利益不一致的问题？ 作为公司股东，投资公司的目的就是赚钱，正如中国基金行业，无论投资者有没有赚钱，基金公司都照样赚钱一样，这个看似矛盾的结果，却又那么自然。先锋集团创始人约翰 • 博格（John Bogle），在 1974 年创立公司的时候就开创式地采用公司制基金模式，投资者为公司股东，基金在扣除运作费用之后，所有收益归基金持有人（基金股东）。先锋集团通过不懈的努力降低基金投资成本，并且带动整个行业的管理费率下降，直接将管理费率从 1% 降低到 0.1%，而且倒逼同业跟随，否则它们就没有规模。

先锋基金管理规模增长神速，从 1985 年的 0.11 亿美元，通过 30 年的时间增加到 3.2 万亿美元，规模增加了 30 万倍。

5. 智能投顾崛起

在独立投顾、嘉信理财、先锋集团的共同努力下，美国金融产品的运营成本大幅降低。管理规模世界排名第一的贝莱德集团，2017 年管理资产为 5.7 万亿美元，一年营收不到 55 亿美元（包含管理费、投顾费等所有收入），金融产品成本占比低于 0.1%……

截至 2016 年，管理规模排名前三的都是从事低成本指数基金的，老牌主动型基金公司富达都开始布局指数基金，也着手降低主动管理基金的成本。在金融产品的成本几乎无法再降低的时候，或许就到了该降低投顾费的时候了，智能投顾纷纷崛起，以低投顾费的模式掀起新一轮浪潮……

第 4 章 普通投资者理财工具进化史：股票→主动基金→指数基金

在 1950 年，美国的普通个人投资者持股比例曾高达 94%，到 1980 年这个数字还有 63%，但到了 2017 年，却不到 30%，所剩的个人投资者基本都是高净值的专业投资者，那么原来那些买股票的普通个人投资者都去哪里了？至此，引入本章主题——普通投资者理财工具进化史：股票→主动基金→指数基金。

1. 在 1980 年之前以股票交易为主

如图 4.1 所示，我们都看过电影《华尔街之狼》，迪卡·普里奥主演的股票经纪人的主要工作就是通过电话向客户推荐股票，并且帮助客户下单赚取佣金。电影中的股票经纪人过着十分奢靡的生活，当然他们的主要收入来源于客户佣金，还可能有内幕交易。在那个时代股票交易的佣金占比为 1%~2%。经纪人通过卓越的口才让客户频繁地交易，方可获取更多的佣金收入，佣金收入 = 佣金费率 × 交易次数 × 交易金额。

图 4.1　电影《华尔街之狼》

如同如今的中国股票市场一样，在 1980 年之前，在以普通个人投资者为主的美国股票市场，基本上 90% 的普通个人投资者都是亏钱的，但是其间股票市场指数还是上涨的。普通个人投资者亏钱的主要原因是交易费用远远高于股票收益，而且在股票研究方面普通个人投资者没有什么信息优势。股票交易者每天忍不住追涨杀跌，不仅他们内心有交易的冲动，而且漫天的股评家、分析师、投资大 V 天天用各种方式促使交易者交易，以赚取佣金。

2. 在 2000 年之前以购买主动基金为主

美国主动基金历史上最著名的共同基金经理非彼得 · 林奇莫属，如图 4.2 所示。彼得 · 林奇的基金经理职业生涯为 1977—1990 年，在这一时期明星主动基金业绩大幅超过市场指数。

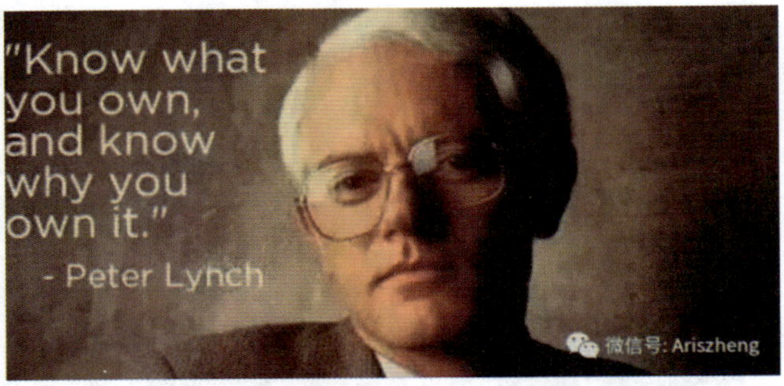

图 4.2 传奇基金经理彼得・林奇

在人们的眼中，彼得・林奇就是财富的化身，他说的话被所有股民奉为宝典，他手上的基金是有史以来最赚钱的，如果你在 1977 年投资 100 美元于该基金，在 1990 年取出，13 年时间将变为 2739 美元，增值 26.39 倍（注意，每年复合增长率为 29%，1.29 的 13 次方是 27.39，不是增值 28 倍的 2800 美元）。

主动基金赚取的是市场超额收益，俗称 Alpha。市场中所有的交易者都追求 Alpha，但是追求 Alpha 是一个（扣除费用之后）零和博弈。有人的 Alpha 是正的，就有人的 Alpha 是负的，而且负 Alpha 远大于正 Alpha，因为：正 Alpha=abs(负 Alpha) 一交易费用。

3. 自 2000 年以来以购买指数基金为主

如果持续贡献负 Alpha 的投资者低头转而投资指数基金获取 Beta 收益，也就意味着市场中正 Alpha 来源减少。

"指数化投资理念基于投资者不可能都战胜市场，因为他们就是市场。" Michael Buek 说。其在 2005—2016 年担任标普 500 指数的组合经理。他还说："主动管理收益显著被成本所侵蚀，因此投资者通过指数化投资以低成本享有市场收益可以成功战胜主动管理基金，It's timeless。"（摘自《S&P500 指数基金成立 40 周年，低费率与被动投资开始的地方》）。

美国各类共同基金资金流入情况如图 4.3 所示。

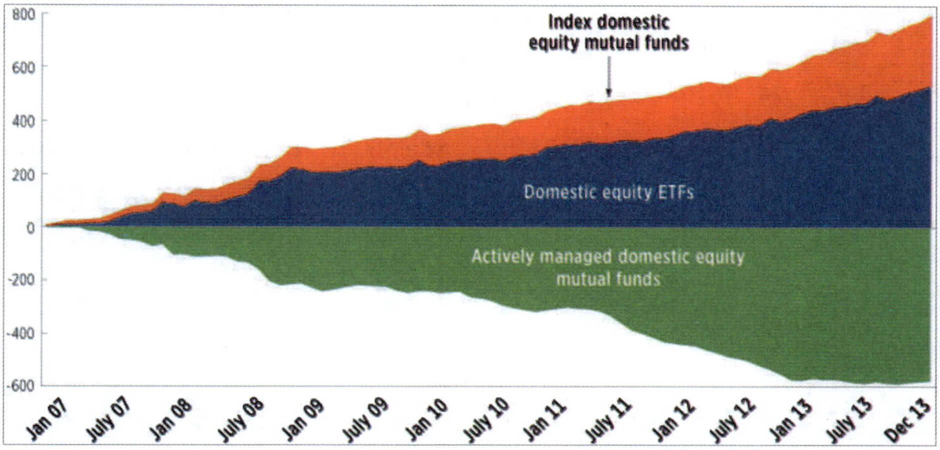

图 4.3　美国各类共同基金资金流入情况

在 2007—2016 年间，投资者持续赎回主动管理基金，申购指数基金（ETF 与指数共同基金），每年都有几百亿美元到上千亿美元的主动管理基金变为指数基金，而且这个趋势丝毫没有减弱，流速从 2007 年不足百亿美元快速增长到 2016 年的上千亿美元。

投资指数基金的目的是以低成本获取市场 Beta，指数基金的成功本质上是低成本投资技术的成功。美国市场的指数基金（含 ETF）的管理费率基本为 4BP 左右（万分之四），相比国内目前 0.5%（管理费率 + 托管费率）而言大大节约了成本，估计未来中国的指数基金费率还会继续降低。

巴菲特称，几乎可以肯定的是，在美国的业务和一揽子的股票会在未来几年内更有价值；很可能对冲基金投资者会继续感到失望；长远来看，预计只有 10 个行业能“跑赢”标普 500 指数，大型和小型投资者都应该坚持投资低成本指数基金。

在这个时代基本上没有什么著名的共同基金经理了，取而代之的是指数基金与指数基金公司，估计主动基金经理都非常厌恶指数基金，但个人业绩又拼不过指数基金。根据标普指数公司统计，在最近 5 年，无论大盘基金还是小盘基金，业绩基本上有 90% 的概率跑不赢对应的指数基金。

贝莱德成立于 20 世纪 80 时代，截至 2016 年年底，其管理规模已经超越 5 万亿美元。Vangurad（先锋），第一只 S&P500 指数基金创立者，截至 2016 年其管理规模已经超越 4.2 万亿美元，这两家公司都是以指数基金与 ETF 基金为旗舰产品的资产管理公司。

4. 美国 9400 万名个人投资者持有公募基金总规模的 89%

2017 年中国史上首发规模最大的公募基金成立，总规模高达 909 亿元，有 223 户认购，平均每户 4 亿元。似乎随着委外市场的崛起，中国基金市场变为机构客户主导，或许我们还认为，这个趋势是正确的。因为我们知道美国股市是以机构为主的市场，所以想当然地认为美国基金市场应该也是以机构客户为主的。看国内基金持有人结构，不也在朝机构化方向发展吗？这是否是市场成熟的必然趋势？

最近有朋友又重新阅读了 ICI 的 2016 年美国基金业年鉴，并有了崭新的发现，然后纠正了我们的错误理解。美国公募基金规模为 16 万亿美元，占全球公募基金总规模 37.2 万亿美元的 43%，并且 9400 万名个人投资者持有公募基金总规模的 89%。如果剔除货币基金，只考虑长期基金资产，零售客户比重达到 95%。机构客户持有公募基金的 11%，其中 62% 是货币基金。

读得越多，笔者越有一个感觉：在这个世界上成功的路径往往只有一条，而失败的路径有无数条。趋势如此，我们只能跟随趋势。有人问，指数基金之后又会有什么产品？让我们拭目以待……

第 5 章 指数的发展历程：从表征市场到成为投资工具

指数从无到有、从表征市场到成为投资工具历经近 133 年。随着证券市场的发展、上市公司数量的剧增，指数的出现是必然的，逐渐转变为投资工具也是必然的。如果证券市场仅有几只股票，或许不需要指数，因为我们可以一眼看出各股票的涨跌幅。但是如果股票的数量超过几十只，或者达到成百上千只，有人再问你“今天市场涨跌如何？”，那么若没有一个指数，你或许无法回答这个问题……

道琼斯指数是历史最悠久的股票指数，在 1884 年由道琼斯公司的创始人查尔斯·亨利·道（Charles Henry Dow）开始编制，是一种算术平均股价指数。最初的道琼斯股票价格平均指数是根据 11 种具有代表性的铁路公司的股票，采用算术平均法进行计算编制而成的，发表在查尔斯·亨利·道自己编辑出版的《每日通讯》上。如今，道琼斯已经与标准普尔合并为标准·道琼斯指数公司，成为世界上影响力最大的指数公司之一。

股票指数编制的核心为成份股选择与加权方式。起初市场股票数量不多，或者表征全市场的股票走势，会将所有的上市公司都纳入指数成份股，加权方式则采用股票收益的算术平均值，或者称为等权重模式。这种方式计算简单，但是没有考虑到不同股票市值的大小。随着以现在投资组合理论为代表的证券市场理论的初步完善，成份股选择与加权方式的方法论越发丰富，如图 5.1 所示。

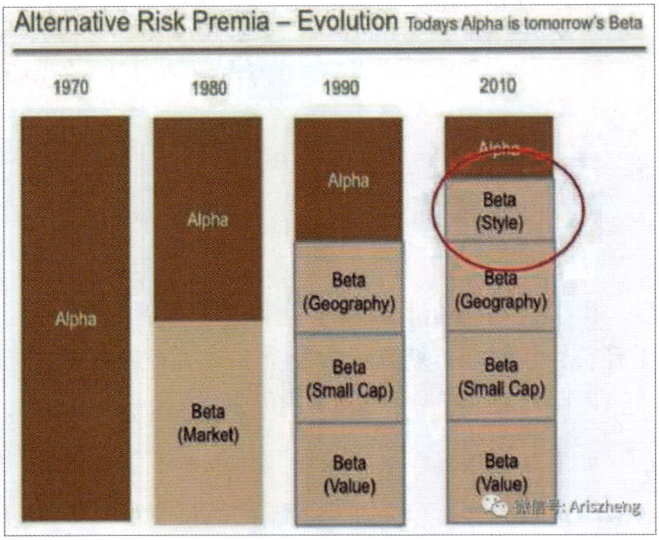

图 5.1　指数基金的进化

成份股选择主要方式如下。

（1）**大盘 / 中盘 / 小盘**

以股票市值为主要基准，股票市值 = 总股数 × 股票价格。

（2）**行业 / 主题**

行业或者主题分类主要看公司主营业务收入，如果公司 50% 的主营业务收入来源于某类业务，则该公司属于该行业或者主题，主题的灵活性要比行业高很多。有些公司业务复杂，归类具体看指数公司分类说明。中证指数公司行业分类为四个级别，一级行业分类有 10 个。

（3）**价值 / 成长**

价值、成长的区别其实主要在于收入或者利润增长率，成熟的企业一般收入稳定但是利润增长乏力，市净率与市盈率较低；成长的企业可能目前收入低，但是收入与利润增长快速，市净率与市盈率较高。

（4）**国家 / 地域**

根据国家或者地域进行成份股选择，例如上海的（国有）上市公司指数，即上海国企指数，还有相应的 ETF。

加权方式的主要方法如下。

（1）**市值加权**

例如有 100 只指数成份股，股票 A 的权重 =A 的市值 /Sum(指数成份股总市值)。这种计算方法可能导致股票权重小数点太多，例如 1/11，有些指数公司在市值加权的基础上采用分级靠档的方式解决权重小数点太多的问题。

（2）**等权模式**

例如有 100 只股票，无论其市值大小，所有权重都为 1%，由于股票价格变化导致实际权重偏离 1%，则定期（每月、每季度、每半年）进行再平衡。

（3）基本面加权模式

依据成份股股息率、市盈率、分红率等基本面指标，根据某种规则计算成份股的权重。

（4）其他方式

这些成份股选择与加权方式还可以复合使用，例如上海国企指数、香港国企指数、香港中小企业指数。由此可见指数的编制越来越细致，而且越来越有目的性。

2016 年 8 月 31 日，先锋 500 指数基金迎来其 40 周年的生日，这注定是一个具有传奇意义的周年纪念日。500 指数基金是第一只指数化投资的基金，这只基金由先锋创始人约翰·博格于 1976 年发起，在过去 40 多年里，这只基金获得数以百万计投资者的青睐，并催生了无数的模仿者与竞争者。回顾先锋 500 指数基金过去 40 多年的历程，它并没有美化其自身的外表与形象，而是始终如一地攫取美国大市值公司的收益。随着投资者与投顾年龄增长，他们越发钟爱指数化投资理念。“指数化投资已经家喻户晓，”先锋 CEO 说：“指数化投资意义已经达到其前所未有的程度，如果主动管理人仍保持其高昂的管理费，那么我们预计在这个低投资收益的时代，指数化投资仍将保持成功。”

起初指数功能仅表征市场，自 1976 年 8 月 31 日第一只指数基金（Vanguard）S&P500 出现起，指数开始具有另外一个功能——投资工具。本质原因为上市公司数量的骤增和交易费用有效性的降低，即花费交易费用也不能带来超越指数的收益。在第一只指数基金出现十几年后，指数化投资产品的极致 ETF 诞生，指数化投资的发展变得如虎添翼，无法阻挡。

如果你要问，世界上规模最大的基金是什么，那一定是指数基金；

如果你要问，世界上规模最大的资产管理公司是什么，那一定是以指数基金为核心产品的公司，BlackRock 与 Vanguard。

2007 年 12 月，SPDR 标普 500 规模突破 1000 亿美元，成为 ETF 发展的一个里程碑。但之后再无 ETF 产品规模接近这一数字。全球最大的资产管理公司贝莱德旗下安硕核心标普 500ETF 曾续写这一神话，规模突破千亿美元关口：2017 年 3 月 17 日，贝莱德官方网站显示该产品最新规模为 1019.88 亿美元。

>

第 6 章 主流指数与指数估值

中证 100、中证 200、沪深 300、中证 500、中证 700、中证 800、中证 1000……这些都是中证指数编制反映市场的规模指数。那么这些指数具体代表什么股票的市场表现呢？

首先，我们必须明白中证 100、沪深 300 以及中证 800 这三个关键指标。

- **中证 100**，沪深市场市值前 100 名的股票（比如“四大行”“两桶油”等）；
- **沪深 300**，沪深市场市值前 300 名的股票；
- **中证 800**，沪深市场市值前 800 名的股票。

在此基础之上推导出如下指数：

- **中证 200**，沪深 300 剔除中证 100，即市值排名 101~300 的股票；

- **中证 500**，中证 800 剔除沪深 300，即市值排名 301~800 的股票；
- **中证 700**，中证 800 剔除中证 100，即市值排名 101~800 的股票；
- **中证 1000**，剔除中证 800 后的剩余市值排名前 1000 的股票，即市值排名 801~1800 的股票。

关于不同指数代表意义与估值水平，建议参考集思录的指数估值页面 https://www.jisilu.cn/data/idx/，如图 6.1 所示。

指数估值 指数涨幅统计

指数估值(刷新)

指数	PE值	PE百分位	PB值	PB百分位	ROE	股息率	起始日期	场内基金	场外基金
恒生国企 HSCEI	8.86	36.71%	1.00	18.88%	11.29%	3.85%	2002-07-02	H股ETF 510900	易方达恒生H股 110031
恒生指数 HSI	12.94	49.06%	1.27	17.83%	9.81%	3.55%	2002-07-02	添富恒生 164705	添富恒生 164705
上证50 000016	11.65	42.59%	1.36	24.02%	11.43%	2.87%	2003-12-31	50ETF 510050	华夏上证50 001051
上证指数 000001	16.35	25.94%	1.75	20.44%	10.63%	1.86%	1995-01-02	上证ETF 510210	汇添富上证综指 470007
沪深300 000300	14.36	54.11%	1.68	35.48%	11.61%	2.15%	2005-04-08	300ETF 510300	易方达沪深300 110020
中证金融地产 399934	9.92	70.04%	1.31	43.55%	12.89%	2.61%	2009-10-03	金融地产 160814	长盛金融地产 160814
国证地产 399393	14.32	47.85%	1.99	47.85%	14.34%	2.25%	2012-11-20	国泰地产 160218	国泰房地产 160218
中证能源 399928	24.72	71.70%	1.27	30.93%	5.09%	3.63%	2009-10-03	-	-
中证公用事业 399937	20.00	61.81%	1.99	57.10%	9.86%	2.76%	2009-10-03	-	-
中证流通 000902	20.91	56.66%	2.15	55.82%	10.35%	1.40%	2005-12-30	-	-
中证500 000905	34.37	40.68%	2.81	42.69%	8.44%	0.77%	2007-01-15	500ETF 510500	南方500 160119
中证工业 399930	25.02	59.66%	2.20	54.85%	9.05%	1.02%	2009-10-03	-	-
中证可选消费 399931	21.09	61.20%	2.82	60.02%	13.66%	1.94%	2009-10-03	可选消费 159936	广发可选消费 002977
中证环保 000827	29.51	28.40%	3.06	76.48%	10.70%	1.18%	2012-12-25	环保分级 160634	鹏华环保 160634
中证原材料 399929	30.29	39.64%	2.44	66.97%	8.42%	0.72%	2009-10-03	全指材料 159944	广发原材料 001459
创业板指 399006	43.77	31.99%	4.70	41.34%	11.16%	0.67%	2010-05-31	创业板 159915	易方达创业板 110026
中证医药卫生 399933	34.81	64.87%	4.21	37.52%	12.34%	0.86%	2009-10-03	医药ETF 159929	鹏华医药 160635
深证100 399330	24.69	72.97%	3.14	63.19%	12.69%	1.35%	2006-01-24	深100ETF 159901	易方达深证100 110019

图 6.1 集思录指数估值与指数涨幅统计

第 7 章 投资基金费用大百科

“你不能控制市场，但你可以控制你支付的手续费。你必须尝试着波澜不惊，避免情绪波动使你蒙受巨大损失。”

——《漫步华尔街》

在投资主动管理型基金之前，我们需要研究基金投资标的、历史业绩、基金经理等问题。但对于投资指数基金而言，指数跟踪效果与基金投资成本变得更为重要。笔者的投资理念就是：未来业绩难以预测，然而基金投资成本却是实实在在的，省下的就是赚到的。本章将投资基金涉及的费用进行详细列举。

1. 认购 / 申购费

主动管理股票基金申购费率通常为 1.5%，指数股票型基金的申购费率通常为 1%，混合型基金申购费率通常为 1%，债券基金的申购费率为 0.5% 左右，货币基金的申购费率为 0。

基金的**认购 / 申购费**通常归销售渠道（银行、第三方销售平台）所有，作为销售费用的一部分。结果你就会看到，招商银行等银行代销的基金申购费基本不打折，天天基金网、腾讯和阿里巴巴等代销的基金申购费基本都打 1 折，还有一些渠道申购费打 4 折等。是否打折由基金销售渠道决定，但是基金申购费率最终还是由基金公司决定的，例如场内分级基金母基金一开始有申购费，后来有打折，再到后来有的申购费一律为零了。

2. 管理费 / 托管费

主动管理股票基金管理费率为 1.5%，托管费率为 0.25%；股票型指数基金管理费率为 0.5%，托管费率为 0.1%；分级基金的母基金管理费率为 1%，托管费率为 0.2% 左右；混合型基金的管理费率为 1% 左右。

货币基金管理费率为 0.2%~0.33%，但是由于货币基金没有申购赎回费用，通常会添加一个年化 0.25% 的销售服务费率，当然也有免收的。理论上说，管理费归基金管理人，托管费归基金托管行；但行业通行的规则是管理费的 50% 或者 50% 以上，作为返佣支付给销售渠道。

3. 赎回费

通常而言，无论主动管理型股票基金还是指数型股票基金，如果持有期不满一年，赎回费率都是 0.5%。赎回费往往被投资者忽略，很多人等到基金赎回或者转换的时候才发现这个问题。在做 FOF 投资的时候，你会发现这个赎回费是一项巨大的成本。如果买同一家基金公司的产品，可以通过基金转换减免赎回费。

为什么要收取赎回费呢？ 这个问题的答案是管理人通常希望投资者长

期持有，持有期限满一年后赎回费率可以降至 0.25% 或者 0。短期赎回可能对其他没有赎回的基金持有人造成影响。若果真如此，则应该将赎回费的 100% 计入基金资产，而不仅仅是其中的一部分。

关于赎回费的分配，我们参考证监会发布的《开放式证券投资基金销售费用管理规定》的相关内容，收取销售服务费，对持续持有期少于 30 日的投资人收取占比不低于 0.5% 的赎回费，并将上述赎回费全额计入基金财产；不收取销售服务费的，对持续持有期少于 7 日的投资人，收取占比不低于 1.5% 的赎回费；对持续持有期少于 30 日的投资人，收取占比不低于 0.75% 的赎回费，并将上述赎回费全额计入基金财产；对持续持有期少于 3 个月的投资人，收取占比不低于 0.5% 的赎回费，并将不低于赎回费总额的 75% 计入基金财产；对持续持有期长于 3 个月但少于 6 个月的投资人，收取占比不低于 0.5% 的赎回费，并将不低于赎回费总额的 50% 计入基金财产；对持续持有期长于 6 个月的投资人，应当将不低于赎回费总额的 25% 计入基金财产。

4. 交易费用

基金进行股票交易、债券交易都涉及印花税、交易佣金。对于主动管理型股票基金而言，如果按照印花税率 0.1%，交易佣金万分之八计算，估计一年的交易费用会比管理费与托管费的和还要多。例如，有一只股票型基金一年半期间跌了 0.3 元，其中可能有 0.1 元的亏损是交易费用造成的。

相比较而言，指数基金的交易费用比主动管理型基金少很多，在第 12 章“ETF 是指数化投资产品的极致”中，我们发现 ETF 的交易费用（基金运营成本中的交易费用，而非交易 ETF 的费用）是所有基金中最低的。根据经验，ETF 交易费率为 0.2% 左右，普通开放型指数基金的交易费率为 1% 左右，如果基金规模变动较大，其相应的费用就较高，主动管理型基金的交易费用差距很大，通常为管理费的 2~8 倍。具体到每只基金交易费用明细，可以参见基金的半年报与年报。

总而言之，主动管理型基金的交易费用远远高于指数基金，更高于 ETF。这也是笔者主要购买 ETF 与指数基金的原因。

5. 其他费用

在所有基金费用中，管理费、托管费、申购赎回费都是透明的，唯有交易费用是比较隐性的，而且或许是所有费用中最高的，它也是基金投资成本的主要构成部分。

除此之外，还有基金审计费 8 万 ~10 万元、信息披露费 10 万 ~15 万元，上市交易费 5 万元左右，指数使用费等。这些通常都是固定费用，合计下来在 30 万 ~40 万元 / 年。如果基金规模较大，那么这个费用可以忽略不计，如果是对于规模才几千万元的迷你基金，那么这个费用占 1% 左右，会对基金净值造成显著的影响。

第 8 章 基于指数基金（ETF/LOF）的资产配置

普通投资者经常会在市场高点购买股票或者房产，俗称“接盘侠”。其实，并非是我们愿意接盘，而是因为我们尚未持有某类资产而被逼空。以基金投资者为例（投资房产亦如此）：其实在股市初步上涨时期我们并不以为然，因为上次亏损的痛苦还未忘却，但是眼看着股市又开始“噌噌”上涨，心中开始纠结是否应该投资股票型基金，等我们经过一段痛苦的纠结、下决心重仓买入的时候，可能已经是股市这个阶段最后的高潮了，接着股市可能又快速下跌，之后我们很可能在市场低点割肉出局。

试想一下，如果我们在自己的资产配置中投资固定比例的股票基金，例如 30%，当市场上涨的过程中，股票基金比例占比提高，从 30% 涨到 45%，我们应该进行资产配置的再平衡，抛售部分股票基金；或者在市场低点股票基金从 30% 跌至 20%，我们也需要再平衡，继续买进股票基金。周而复始，我们可以有效地避免高买低卖的尴尬局面出现。正如《资产配置投资实践》一书中所述："无论个人投资者还是机构投资者，都离不开资产配置。尽管在投资管理过程中有诸多不确定性、诸多未知以及诸多风险，我们仍然可以通过正确的管理，通过降低风险，并且通过遵循依照常识和实践得来的各项准则来达成事先确定好的投资目标。"

此外，如果我们仅持有一种资产，也就是在风险集中的情况下，通常焦虑不安；如果进行资产配置，则受到单类资产的影响会降低。在心情较为平静的时候，投资者做出的投资决策通常谨慎很多。

资产配置的重要性我们不再赘述。如何进行资产配置呢？还是以股票资产为例（在所有资产中，股票资产长期投资收益最高）。如何配置股票资产？选择单一或者几只股票的方式是不合适的，因为相对于指数而言，个股会受到更多非系统因素的影响，比如公司治理、国家政策等，这些或许可以创造正向的超额收益，例如腾讯、万科、贵州茅台等；但更多的时候是因为某种不可预测的因素导致公司破产。所以还是指数投资更为靠谱，毕竟在指数编制方法中会考虑到成份股的优胜劣汰问题。

资产配置是一个普适概念，大层面有大类资产的配置或称为多资产配置，在某类资产中还可以进行资产内部配置，例如股票分美股、港股、A 股等；再细分一下就是投资组合、配置等价组合了。在进行配置时，我们面临很多问题，如每类资产中都有细分资产，投资美国股票最优的方法还是指数投资。除股票指数以外，最近几年投资工具越发丰富，如黄金 ETF、H 股 ETF、恒指 ETF、行业 ETF、美国 SP500ETF、原油基金、白银 LOF。所以通过指数基金（ETF、LOF）进行资产配置越发便捷。

具体的资产配置手段有很多，比如行业轮动、恒定组合配置或者主观的资产配置，资产配置效果的跟踪也非常重要，因为发现问题才能改进，例如成份之间的相关性以及与业绩基准的比较等。

第 9 章 主动基金还是指数基金？投顾的不同选择均由利益驱动

如果你关注基金投顾的新趋势，会发现一个显著的特征，那就是新兴投顾喜欢推荐指数基金，很少推荐主动基金。例如且慢平台上的二八轮动、绿巨人、广发轮动，以及蛋卷上的八仙过海、斗牛动态平滑等，都是主要基于指数的策略。此外 ETF 拯救世界、银行螺丝钉等网络大 V 都推崇指数产品，如图 9.1 所示。

图 9.1　指数基金投资策略

主动基金与指数基金之间的主要区别在于基金经理的主观能动性，前者的基金经理可以决定仓位高低，买什么股票，而后者只能根据指数成份股与权重进行投资，即只能按规则进行操作。似乎这是两者的显著区别，但是更为本质的区别是，主动基金管理费率为 1.5%，指数基金管理费率为 0.5%，如果考虑到交易费用等其他隐含费用，主动基金运营成本可能是被动基金运营成本的 4~5 倍。

另外一点必须说明的就是基金的销售费用，基本为认 / 申购费 +（50%~60%）的管理费分成，推荐主动基金可以得到认 / 申购费 +0.75% 年化率，推荐被动基金可以得到认 / 申购费 +0.25% 年化率，由此可见，你或许明白了传统基金销售渠道（例如银行、第三方销售平台）乐意销售主动基金的原因了，但是为什么新锐的基金投顾却对指数基金情有独钟呢？

国内到处都是所谓“投顾”，而且免费提供各种建议，目的不是让投资者做股票交易，就是让他们购买各类理财产品。为了说明投顾之间的区别，这里引入了关键概念:“卖方投顾”模式与“买方投顾”模式，以方便说明问题，如图 9.2 所示。

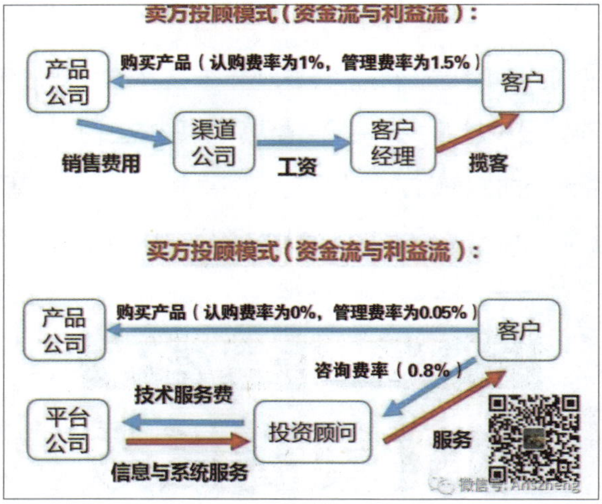

图 9.2　卖方投顾模式与买方投顾模式的区别

- 买方投顾模式：客户支付投顾费用，投资顾问提供财富管理服务；
- 卖方投顾模式：客户不需要支付投顾费用，投顾从产品供应方（客户购买的产品发行方）获取返佣。

目前，国内基本没有买方投顾，投顾主要是卖方投顾。美国大多数投顾是买方投顾。在 2016 年美国劳工部颁布一个法令，客户在投顾那里进行投资业务咨询时，投顾费 + 基金管理费（包括托管费等在内的综合费用）合计年化率不能超过 1%。如果我是投顾，也会给客户推荐指数基金，因为指数基金管理费用低，但可以收取的投顾费相对高一些。

必须说明的是，国内新锐投顾并非是完全意义上的买方投顾，但也不是卖方投顾，因为他们无法直接从投资者那里收取咨询费。中国投资者基本没有为建议付费的习惯，尚且都没有相应的法律基础。但是新锐投顾之所以推荐指数基金，原因之一就是他们没有平台或者平台弱小，仅有自媒体平台。

客户去银行购买基金，并非是基于客户经理个人魅力或者专业度，而是基于对银行品牌的信任。腾讯、阿里巴巴销售基金依靠的也是自身生态圈与巨大流量。新锐投顾没有这些先天优势，必须靠真诚留住客户。那么新锐投顾为何不推荐主动基金，反而推荐指数基金呢？

1. 主动基金研究性价比低

基金业绩难以持续是一个巨大问题，当然基金业绩也不可能持续，否则直接按业绩排名买基金就可以了，还需要研究什么呢？对于主动基金，即使投入巨大精力，效果也不一定好，如此我们可以预测基金未来业绩，总而言之，主动基金研究性价比低。

2. 指数基金是最有效的资产配置工具

普通投资者面对 4000 多只公募基金，基本束手无策。传统金融渠道基本采取因势利导法，哪个基金短期业绩好就推荐哪个基金，或许他们忘记了“基金业绩难以持续”这个经验教训，而不是因为他们还有KPI要完成。新锐投顾无大平台依附，仅能靠持续的业绩吸引客户，但是他们深知“在投资的世界里，仅有多元化资产配置唯一一份免费午餐”，实现资产配置最优的工具是指数基金，而且指数基金费用低。借用耶鲁大学基金会首席投资官大卫·斯文森的一句话：“由于对于任意给定的收益率，如果你分散投资，那么你便能以较低的风险获得此收益率；或者，对于任意给定的风险水平，如果你分散投资，那么你将会获得更高的收益率。因此这是一份免费午餐。多元化可以使你的投资组合取得更好的表现。”

或许我们已经找到本章章名“主动基金还是指数基金？投顾的不同选择均由利益驱动”的答案了，作为投资者，你觉得谁跟你的利益更一致呢？另外，有人说要搞“资产配置”牌照，问题是如果有人拿着牌照给投资者亏钱了，谁赔呢？能让市场解决的问题就交给市场吧……

\>

第 10 章
“指数基金 KO 对冲基金”巴菲特赢了十年赌约说明了什么

2005 年，巴菲特提出以标准普尔 500 指数基金和任意收取高管理费的 5 只对冲基金的总体回报进行比较，以十年为期限，赌注为 50 万美元。条件开出后，华尔街一片寂静。后来真有人出来应战。光阴似箭，在 2017 年以前的 9 年中，标准普尔基金收益率为年化 7.1%，5 只对冲基金的收益率为年化 2.2%。其中还包括了 2008 年百年一遇的金融危机。巴菲特的胜利无任何悬念。

股神巴菲特在 2017 年致股东的信中明确提出，大型和小型投资者都应该坚持投资低成本指数基金。

巴菲特称，几乎可以肯定的是，在美国的业务以及一揽子的股票会在未

来几年内更有价值，很可能对冲基金投资者会继续感到失望。长远来看，预计只有大概 10 个行业能“跑赢”标普 500 指数，大型和小型投资者都应该坚持投资低成本指数基金。

为什么对冲基金无法战胜指数基金？我们反复思考这个问题。其实，我们的投资收益基本上有 90% 来源于市场收益或称为 Beta 收益，仅有一少部分投资者可以获取 Alpha 收益。从博弈论的角度而言，投资者追求 Alpha 收益，如果扣除成本，它就是一个零和博弈，意思就是获取正 Alpha 收益来源于交易对手的负 Alpha 收益。如果考虑到交易成本，显然对于 Alpha 的追求是一个负和博弈……

最近几十年，美国公募基金（共同基金）市场低成本指数基金所向披靡，不仅大胜主动管理公募基金，也让对冲基金进入一个缓慢时期……无论个人投资者还是机构投资者都蜂拥到指数基金这边。

一个行业的演变——既简单又复杂、既平庸又杰出、既被动又进步、既廉价又宝贵、既理性又激进。

指数化投资可以被描述成各种形式并招致各种反应。但是有一件事是毋庸置疑的，它改变了基金行业并为世界上无数投资者带来实惠。

当约翰・博格介绍第一只指数基金的时候，遭遇各种投资者的无视与同行的诋毁，称其为“博格的愚蠢”甚至抨击指数化投资是“Un-American”（意思是在美国其必将失败）。

今天，指数化投资是美国基金行业的基石，并且引发了另一个投资工具的创新——交易所基金（ETF）。

“指数化投资是低成本投资的最纯粹展现，”先锋元老、全球权益指数投资负责人 Joe Brennan 说，“指数化投资是分散化的，具有潜在节税效用。投资者面对的最大投资问题是成本，指数化投资可以通过多种方法降低成本。”

指数是反映市场某一部分收益的证券组合。指数覆盖市场的任何部分，从整个美股权益市场到美国债券市场，到新兴市场国家债券，再到非美国固定资产投资。指数基金的理念非常简单，就是在扣除成本之后尽可能地准确跟踪基准指数的业绩。

指数基金的投资与持有成本先天地低于主动基金，而且其通常产生更低的应缴税头寸。因其成本低，指数基金在长期投资中可以战胜多数主动管理型基金。

人、投资组合、进步——指数基金 40 多年来走过了漫长的道路。作为指数基金的先驱，先锋集团是低成本投资的领导者与创新者。

由于存在一些误解，指数基金无法自动化运行。成功的指数化投资需要基金组合经理具有深厚的专业知识，比跟踪业绩基准更重要的是指数编制。

“正如大家所理解的，指数化投资是获取市场收益的，”Buckley 说，“获取市场收益仅是其最简单的一部分。获取市场收益并且要求交易不对市场产生负面影响，这是没人看得到的。我们团队是降低市场影响的专家，他们还要避免产出不必要的应缴税头寸。”

第 11 章
在市场低点，为什么要投资指数基金（含 LOF 与 ETF）

本来想将本章标题写为“为什么要投资指数基金（含 LOF 与 ETF）”，但还是在前面添加了一个修饰语“在市场低点”，于是引出另外一个问题：什么是市场低点？如果你在 5000 点买过股票基金，那么在 3000 点就更应该买指数基金了……其实关于“什么是市场低点”，每个人心中都有自己的答案。

主动基金与指数基金的比较如图 11.1 所示。

纵观中国股市几十年，其实大部分基金投资者不赚钱，主要原因有两个，一个是显性原因，另外一个是隐性原因。

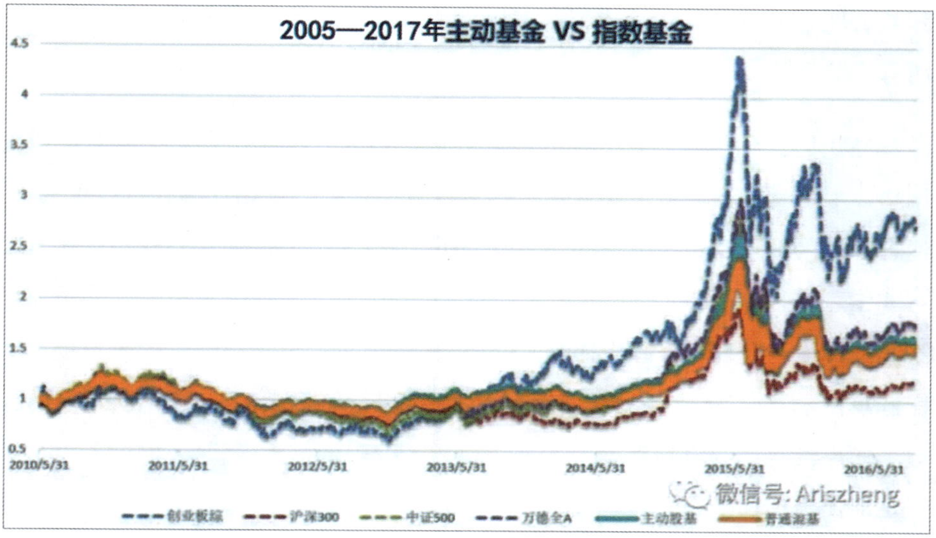

图 11.1　主动基金与指数基金比较

显性原因：无论指数基金还是主动基金，长期而言都是可以获取正收益的。但是投资者通常在市场高点购买偏股型基金（指数基金与股票基金），反而在市场低点购买保本基金或者债券基金，结果就是：在市场上涨过程中，投资者股票资产配置较轻，在市场下跌过程中，投资者股票资产配置较重，导致最终投资者的投资大多是亏损的。基民投资赔钱是因为自己总在高点买基金，这种情形可以避免吗？估计很难，如果他们不在那个时点冲进市场，那个时点估计也就不会是市场高点了。似乎这是悖论，无解。任何市场趋势基本都是：初现赚钱效应，有资金跟风炒作，赚钱效应更加凸显，则有更多资金跟进，如此进入螺旋上升的自反馈过程，直到资金流入减少或者受到外力因素，市场趋势由螺旋上升状态掉头进入螺旋下降状态，如此反复！谁都不想当接盘侠，但是接盘侠总会有。

隐性原因：基金投资成本不仅包括管理费与托管费等，还有交易佣金、信息披露、审计费等隐性成本。对于主动型基金而言，这些隐性的成本通常是显性成本（管理费与托管费）的 2~7 倍。相比主动型基金而言，指数基金（尤其是 ETF）的这些隐性成本低得多，仅为显性成本的一半多。对于长期投资而言，节省的成本就是收益，所以长期投资以选择指数基金为宜。

当我们找到基金投资亏损的原因之后，需要思考解决办法与有效的投资策略，那便是**在市场低位买入指数基金并长期持有**。无论在哪种资产投资中，便宜都是硬道理。以指数基金为例，假设未来指数上涨至 10 000 点。买入时点非常重要，在 5000 点购买指数基金与在 3000 点购买指数基金结果是完全不同的，后者盈利 233%，前者仅盈利 100%，两者相差甚远。如果市场已经在低点位，例如 3000 点左右，或许我们还可以抱着侥幸的心理等待更低点位。但是如果没有，则将导致踏空。如果市场继续走低，则是我们加仓的好机会，但是前提是你已经有仓位，而非空仓。

回想一下，大多数投资者都在股市高点购买基金，**其实本质是被“逼空”的结果**。如同看着房价上涨而自己没有投资房产一样，最后终于忍不住就在高位接盘，接着市场持续下跌，下跌到投资者忍无可忍时就在低位“割肉”。如此反复，哪里还会有资产增值？为了避免被“逼空”，投资者必须“吃”进一定量（30%~50%）的底仓资产，才能从容面对市场的上涨与下跌。

假设市场每年平均收益率为 10%，一只基金投资成本是 1%，例如指数基金，一只基金投资成本是 3%，例如主动基金，或许有人会说主动基金长期跑赢市场，那是业绩基准选择的问题。累计投资 10 年，指数基金的平均收益率是 137%，主动基金的平均收益率是 96.7%，两者相差近 40%。或许有人说，中国市场是无效市场，可以获取超额收益，如果这个结论是对的，我们又没过人之处，那么岂不是更应该买指数基金？

接着有人会问，如何选择指数？这是个好问题，并且难以回答。如果你看好大盘，就买沪深 300 指数，如果你看好中小盘，就买中证 500 指数，当然还有各种行业与主题指数，如证券、军工、环保、养老、医疗等。对于我而言，由于不知道未来哪个指数好，所以既买大盘指数，也买中小盘指数。

但是我会比较哪个便宜，如果买大盘指数，有 300ETF 与 H 股 ETF，那么显然后者便宜。如果买小盘指数，有创业板 ETF 与香港中小，那么显然后者便宜。关于行业我偏好医疗与消费指数，并且认为这两个指数适合长期持有。

有人说，除此之外，不是还有分级 B 与杠杆指数基金吗？我们或许可以判断比如 3000 点是未来 5 年的低点，但是牛市何时来是一个很难回答的问题。杠杆指数基金的杠杆不是白来的，投资者需要支付融资成本，不仅如此，熊市的漫漫长夜甚是难熬，为了避免倒在黎明前的黑夜中，还是不持有杠杆指数基金更安全。

第 12 章
ETF 是指数化投资产品的极致

指数化投资的目标是投资组合收益紧跟指数走势，判断指数化是否有效的标准为跟踪误差，跟踪误差是组合收益率与指数收益率的方差累加和。指数化投资看起来容易，但是执行起来并非易事。我们将通过比较开放式与封闭式指数基金优劣，来分析指数化投资所面临的问题。

普通开放式指数基金，即每日可以申购 / 赎回的指数基金。投资组合可以紧跟指数的前提是 100% 满仓，若仓位不足，则会导致跟踪误差扩大，试想一下，如果仅持有 80% 仓位的股票，那么指数上涨 1.00%，指数基金仅能上涨 0.80%。普通开放式指数基金跟踪误差主要是由于基金申购/赎回导致的，通常在市场好的时候，基金申购份额大于赎回份额，导致基金仓位不足，以至于指数基金跑输指数；在市场持续下跌的时候，基金赎回份额大于申购份额，导致基金仓位过高（通常 T 日赎回份额以 T 日净值为赎回价格，但是赎回资金通常需要在 T+1 日卖出股票获得，如果 T+1 日股票价格低于 T 日股票价格的话），以至于指数基金跌幅比指数还大。除此之外，普通开放式指数基金还要不停地进行股票交易以应对申购 / 赎回，但凡交易，就会涉及交易佣金与印花税等额外费用。

如何避免申购 / 赎回对指数基金投资的影响呢？最简便的方法，便是采用**封闭式基金**模式。但是封闭式基金将面临另外一个更为严峻的挑战——封闭式基金折价问题。由于封闭式基金不能申购 / 赎回，持有人要想变现基金份额，只有通过二级市场交易基金份额，但是封闭式基金通常折价。封闭式基金折价也是投资界的谜团之一，初始投资者无论如何都不会希望折价出售自己以净值购买的基金份额。LOF 或许可以解决封闭模式的折价问题，但是无法解决申购 / 赎回造成的仓位不稳定问题。

除此之外，投资者申购 / 赎回开放式指数基金都需要支付申购费 / 赎回费，这也是一笔不小的额外费用，但是交易 ETF 仅需要万分之一点五的佣金，可以低成本实现不同 ETF 之间的切换。不过，如果 ETF 交易量不足，那么对于大额投资者而言，想买到一定的量存在一定的困难。

第 13 章 指数增强基金超额收益的来源与持续性分析

“想投资沪深 300 指数，是该买指数基金还是该买指数增强基金？指数增强基金超额收益的来源与持续性是怎样的？” 或许大家都会有类似的疑问，那么我们就通过数据分析来解答这个问题。

1. 指数增强基金业绩优异

2014—2017 年沪深 300 指数增强基金基本都跑赢了沪深 300 指数（通常所说的沪深 300 指数是价格指数，并未考虑成份股分红）。根据 Wind 的数据，沪深 300 指数在 2014 年 1 月到 2017 年 5 月期间累计收益率为 49.9%，指数增强基金的超额收益率为 13.7%~51.3%，尤其景顺长城沪深 300 指数基金在

2017 年以来业绩尤为突出，如表 13.1 及图 13.1 所示。

表 13.1　沪深 300 指数增强基金业绩统计

代　码	名　称	（2014. 1—2017. 5）累计收益率	累计超额收益率
000311.OF	景顺长城沪深 300	101.2%	51.3%
310318.OF	申万菱信沪深 300	95.8%	45.9%
050002.OF	博时裕富沪深 300A	90.9%	41.0%
163407.OF	兴全沪深 300	89.7%	39.7%
100038.OF	富国沪深 300	87.7%	37.8%
110030.OF	易方达沪深 300 量化	83.3%	33.3%
000312.OF	华安沪深 300 量化 A	63.6%	13.7%
000300.SH	沪深 300 指数	49.9%	0.0%

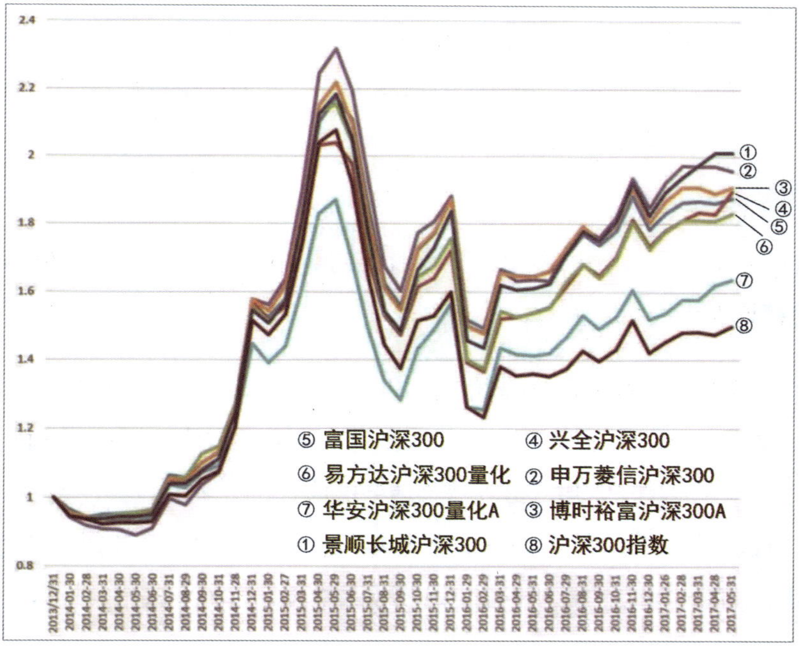

图 13.1　指数增强基金归一化净值走势

2. 增强收益来源略有不同

通过基金净值走势比较，我们基本无法判断指数增强基金收益的来源及持续性。探索指数增强基金收益来源，最优的方式或许是从更微观的角度观察，例如历史上基金每月收益率比较，如图 13.2 所示。

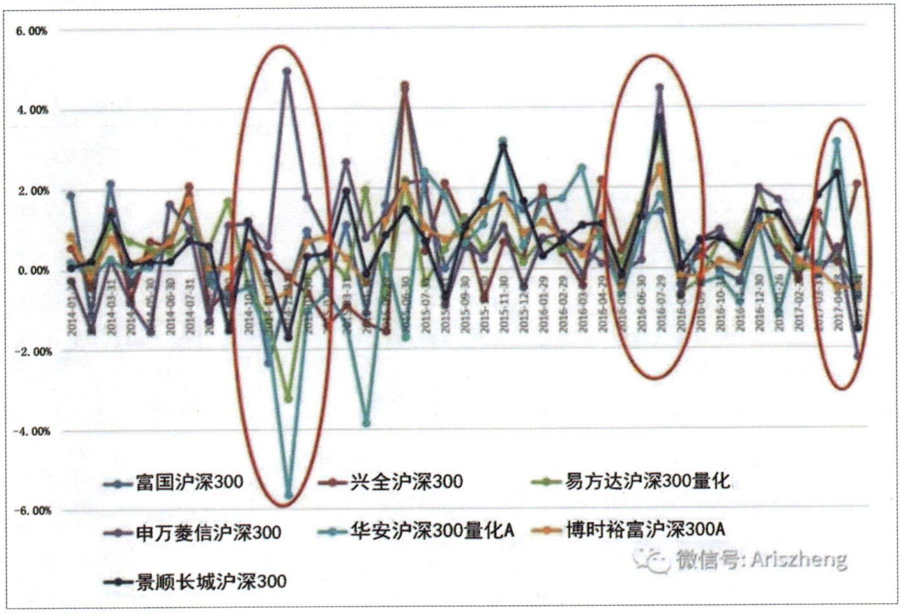

图 13.2　指数增强基金月度收益率比较

在每月的收益率比较图中有几个时期的数据特征比较明显。**必须声明：以下分析均为个人主观臆断。**

2014 年 11~12 月：金融股飙涨，申万菱信沪深 300 增强收益为正，其他几个指数基金增强收益基本为负，原因大概是申万菱信沪深 300 超配证券、银行股票。当然，其他几个指数基金增强低配证券、银行股票，超配了沪深 300 中市值较低的股票。尤其是此前几年，市值较低的股票相对大市值股票具有超额收益，即所谓的“小市值因子的强有效性”。

2015 年 6~7 月：市场持续快速下跌，基本上所有的指数增强基金都跑赢指数（除华安沪深 300 量化 A 外），其中表现最突出的是富国沪深 300 与兴全沪深 300。估计这些基金主要依靠低仓位（指数增强基金的仓位为 80%~95%）跑赢沪深 300 指数。而跑输的那些指数增强基金，跑输的原因可能是大额净赎回导致的有效仓位过高（客户于 T 日赎回按当日净值，为应付净赎回资金，于 T+1 日卖出的股票价格大幅低于前一日收盘价格，所以亏损都会显示在 T+1 日净值中）。

2016 年 6~7 月：金融股飙涨，申万菱信沪深 300 涨幅最大。

2017 年 1~5 月：这个时期是属于漂亮 50 的时期，是否能跑赢标的指数就看是否超配漂亮 50 了……当然规模较小的，打新优势就凸显出来了。

3. 指数增强基金的业绩评价

通过对历史数据的比较与分析，估计指数增强的收益来源主要如下。

- **择时**：涨的时候高仓位，跌的时候低仓位；
- **择股**：超配强势股票，低配弱势股票；
- **其他**：吃股指期货贴水，吃打新收益……

这些来源似乎与主动基金的收益率来源差不多，其实指数增强就是在指数成份股（也有超出这个范围的）的基础上主动增强、量化增强。获取增强收益是一种能力，如何评价这种能力呢？指数增强基金的绩效通常使用信息比率作为衡量标准。那么什么是信息比率呢？ 信息比率等于超额收益率除以跟踪误差，信息比率越大，说明基金单位跟踪误差所获得的超额收益率越高。因此，信息比率较大的基金的表现要优于信息比率较小的基金，如表 13.2 所示。

表 13.2 指数增强基金业绩绩效

代　码	名　称	年化超额收益率	年化波动率	信息比率
050002.OF	博时裕富沪深 300A	12.88%	2.69%	4.79
000311.OF	景顺长城沪深 300	11.68%	3.76%	3.11
110030.OF	易方达沪深 300 量化	10.59%	3.65%	2.90
100038.OF	富国沪深 300	10.29%	4.12%	2.50
310318.OF	申万菱信沪深 300	9.84%	4.91%	2.01
163407.OF	兴全沪深 300	8.79%	4.33%	2.03
000312.OF	华安沪深 300 量化 A	3.83%	5.78%	0.66
数据区间：2014.1—2017.5				

4. 指数增强原理

根据构建原理的不同，常用的指数复制方法可以分为三种主要类型：完全复制法、优化复制法和抽样复制法。

完全复制法：完全复制法的目的在于构建一个与标的指数相似度极高的投资组合，通过保持组合中每只复制股的占比与标的指数成份股占比完全一致来实现对其的复制。该方法较适用于成份券数量少、流动性较高的指数，尤其适用于大市值股票指数，如道琼斯工业指数、上证 50 指数等。

优化复制法：优化复制法是一种完全数理化的组合构建方法，通过目标函数最优化过程来寻找一个权重组合，使得投资组合与标的指数的历史收益偏离度保持最小，并假设该情景能在未来延续。这种方法完全基于对历史数据的统计和挖掘；同时其对模型输入数据较为敏感，在不同计算期得到的权重差异较大；另外，对于计算结果也难以找到合理的经济意义来加以解释。

抽样复制法：抽样复制法首先基于一定原则来抽取少数有代表性的样本券，然后通过最优化过程来使投资组合与标的指数保持较为接近的风险暴露程度，是对完全复制法及优化复制法的一种综合。在抽样原则中，可以设置相应入选条件来体现诸如流动性、信用风险等基本面或市场面因子，这些因子都是能够影响证券价格的主要因素，从而保证复制组合风险暴露程度的一致性。

三种方法比较，抽样复制法结合了完全复制法和优化复制法的优点，能使投资组合在各风险因子上的暴露程度接近于标的指数，尤其是行业权重大多与标的指数的行业权重一致，仅在每个行业内进行股票优选，目前大多数指数增强基金均使用抽样复制的方法。

5. 指数增强基金的业绩持续性

通过分析，我们发现最近几年指数增强基金业绩是持续增强的。但是通过每月的数据又可以发现，并非每个月都能增强。再者，指数增强约等于 90% 指数基金 +10% 主动基金，是否能增强主要靠主动择股择时能力。但凡涉及主动管理能力，持续性都会有一定问题。另外，忽略了一点，我们的比较基准是沪深 300 指数，这是价格指数，未考虑成份股分红。历史上沪深 300 指数的分红率为 3.2% 左右，如果考虑特别派息，估计分红率更高。以沪深 300 指数真实收益为例，指数增强基金的增强收益都要减少 3%~4% 的年化率。

第 14 章 中国证券（A 股）市场到底是不是零和博弈

关于 A 股市场到底是不是零和博弈的问题，笔者思考过不止一次。这个问题还真比较复杂。短期而言，笔者觉得 A 股市场一定不是零和博弈市场，因为在上证综合指数 6000 点的时候几乎所有人都是赚钱的，这里必须强调这时是“账面价值的赚钱”；反之亦然，在上证综合指数 2000 点的时候又几乎所有人都赔钱，同样必须强调，这时是“账面价值的赔钱”。

长期而言，这个问题似乎可以研究，我们可以从股市的资金流入与流出方面进行分析，股市的资金流入主要为投资者转入资金与股票分红，资金流出为投资者转出资金、IPO、定向增发与配股等融资行为，以及印花税、券商佣金、交易所规费等（题外话：是不是很多人把钱转入证券账户之后，就很少转出了？或许更多的人只是不愿意转出了？）。

为了简化分析，我们仅分析股票分红、印花税、券商佣金，主要看市场现金分红是否可以覆盖印花税与券商佣金。首先我们需要计算市场分红率(不考虑分红税的问题)。以沪深 300 指数为例，取 2012 年 5 月 19 日到 2017 年 2 月 22 日的数据为样本，如图 14.1 及表 14.1 所示。

图 14.1　沪深 300 价格指数与收益指数

表 14.1　沪深 300 价格指数与收益指数统计

2012/5/29-2017/2/22		
	沪深300价格指数	沪深300收益指数
累计收益率	31.65%	46.68%
年化收益率	6.02%	8.49%

沪深 300 价格指数与沪深 300 收益指数的区别：前者为价格指数，未考虑成份股分红，而后者考虑分红，两者年化收益率的差值基本为沪深 300 指数的分红率，8.49% − 6.02% = 2.47%/ 年。我们以沪深 300 指数 3500 点（均值）

计算，沪深 300 的总市值约为 30 万亿元，平均年度分红为 7400 亿元。另外以 2015 年印花税为 2500 亿元最高值计算，估计券商佣金与交易所税费合计也不会超过 2500 亿元。我们得到一个结果：沪深 300 分红－Max（印花税＋券商佣金等费用）＝2400 亿元。

沪深 300 分红在扣除税费后基本上都在 3000 亿 ~4000 亿元。从这个结果看，似乎验证了 A 股市场长期而言绝对不是零和游戏，投资者是应该赚钱的。但是仔细想想还是有问题的，因为沪深 300 分红其实主要是中证 50 那些国有大型企业分红，而这些企业的股份基本不交易，所以基本不会产生佣金与印花税。积极参与市场交易的投资者（个人或者机构）获得的分红估计不足 3000 亿元，然而每年要负担近 3000 亿 ~5000 亿元的印花税与券商佣金。以上分析说明 A 股市场长期来看是一个零和或者负和博弈，而且我们还乐此不疲地交易、交易、再交易！

沪深 300 有如此高的分红率，若还是一个零和或者负和博弈市场，那么投资中小盘股票的投资者真是勇气可嘉。如果再考虑到市场融资（IPO、定增与配股），那么市场基本无法想象。最近 3 年的定增规模高达数万亿元，不知道圈了多少场外资金与场内资金。最后，还是希望上市公司多分红，为投资者创造真金白银的收益，或者作为投资者，我们不如也抱住银行股不放，至少可以跑赢定期存款利率。

第 15 章 中美智能投顾的区别与原因探索

国内的智能投顾与美国智能投顾在产品与商业模式上存在较大区别，或许这些区别会导致两种投顾不同的结局。仔细想想这个区别的根源是什么？是盈利模式还是商业模式？本章将从财富管理市场区别，引入买方投顾与卖方投顾的定义，另外投资者的投资目标不同，投资目标不同主要原因在于养老税收制度，因此还会从中国智能投顾的未来展望等方面谈一谈。

1. 财富管理市场：买方投顾与卖方投顾

先从之前困扰我的一个现象开始讲。美国市场自 2007 年起，主动管理基金被连续大额赎回，净赎回金额从最初的每年百亿美元到 2015 年的近千亿美元，与之相反的是指数基金净申购金额持续增加。具体如图 15.1 所示。

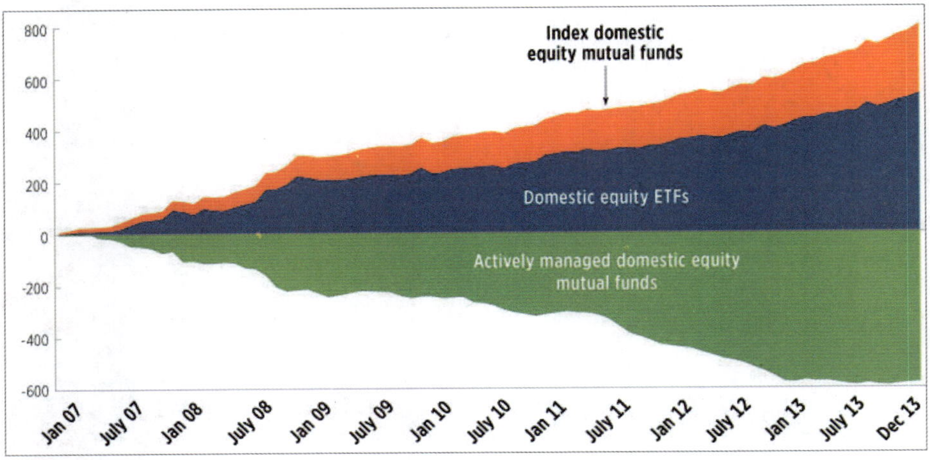

数据来源，ICI，facebook

图 15.1　美国各类共同基金资金流入情况

主动基金与指数基金之间最显著的区别是前者管理费率是后者管理费率的3~5倍，主动基金管理费率为1.0%~1.8%，指数基金管理费率仅为0.2%~0.5%，基金业绩是不可预测的，但是基金运营的成本是可以预见的。投资者为何如此理智？难道美国投资者比我们中国投资者聪明？这个问题困扰我很久：美国人并不比我们中国人爱学习，为何能做出如此理性的投资决策？

要想解决这个困扰，需要从两个国家不同的财富管理模式说起。其实美国老百姓也不知道自己该买什么基金，市场中有成千上万只基金，选择基金不比选择股票简单，美国老百姓或者白领基本都有自己专属的投顾，投资者付费给投顾获取投资建议进行资产配置或者基金投资。

核心词出现了，**“投资顾问”**，即投顾，具体介绍见第9章。

对于卖方投顾而言，当然是谁给的提成高就卖或推荐谁的产品给客户。

目前国内基本没有买方投顾，在亚洲文化中基本上都没有为建议付费的理念，而且老百姓会想“既然付费了，你就能帮我赚钱了吧？”事实上当然不一定……**这种文化区别必将导致智能投顾生长的土壤完全不同。**

2. 投资目标不同（赚钱 VS 养老、短期投资 VS 长期投资）

国内基金投资者，是用税后资产进行投资的，投资目标很简单——盈利，问题是股票市场从长期来看并非零和博弈，但是绝大多数基金投资者为何都是亏钱的呢？从表面来看是短期投资导致的。

在 2010 年到 2016 年期间，股票基金与混合基金指数都跑赢了沪深 300（当然使用沪深 300 指数作为业绩基准并不一定合适，因为基金投资范围并非仅限于沪深 300），并且基本与中证 500 指数走势差不多。但是，事实上多数基金投资者是亏钱的，这是为何？

主要原因是投资者在市场底部偏好保本基金与债券基金，当市场上涨近顶部时，由于个别投资者的赚钱效应，大家开始偏好股票型基金甚至杠杆基金。最终结果是投资者在市场上涨时股票类资产仓位较轻，而在市场下跌时股票类资产仓位很重。长此以往变成市场的“韭菜”，通常我们将其归因于投资者不成熟，同时卖方投顾模式跟房地产中介一样，在这个过程中是助涨 / 助跌的催化剂。但是美国投资者也并非那么成熟，主要靠买方投顾引导与良好的税收制度共同作用才能产生良好的化学作用。

或许以短期赚钱为目标的理财方式并不科学，但是如果以养老为目的呢？再说说养老计划，共有两种，一种是 DB（Defined Benefit），另一种是 DC（Defined Contribution），两者有什么区别呢？ DB 即确定给付型计划，又称以支定收型计划。DC 即确定缴费型计划，又称以收定支型计划，通俗地讲就是用自己的钱通过投资来养老。养老制度本质上取决于人口结构，也就是说，如果年轻人比老人多，那么 DB 计划挺好，10 个年轻人养一个老人还很富裕，但是如果人口结构是倒金字塔形状的，那么 DB 计划就不好了，就如同某些地域性问题，平均 0.8 个年轻人养一个老人……

在美国历史上同样有这样的问题，即人口老龄化问题。该问题在 20 世纪七八十年代尤为突出，由于人口结构的问题，养老制度必须变革，由 DB 转向 DC。DC 需要职工搞一个养老计划，被称为 401K 计划。什么是 401K 计划呢？即攒钱投资养老减税。美国综合收入税率是 35%，职工存入 401K 计划的账户的钱是免 15%~35% 的税收的，同时单位还补贴 25%~50%，即职工投入 1 美元，单位配至少 0.25 美元。里外里一算，你将钱投入 401K 计划就可以即刻赚取 35%+25%=60% 的收益率，减税部分 + 公司补贴，美国政府为了将 DB 转为 DC 下了很大功夫，可是 401K 计划的参与度不高……

这是为什么呢？因为搞一个 401K 计划，要填写无数表格，还要从几百只基金中挑选投资标的，最后还要签署风险揭示书……问题是职工好不容易搞定并开始投资了，但是随着其年龄的增加，风险偏好降低，而投资标的还是其几十年前选择的，如果要修改，则必须再填写一堆表格……很多人觉得太麻烦就算了……基金公司原以为是投资者教育问题，结果富达花了 2 亿美元进行投资者教育，基本上没什么效果……

其实核心问题不是人性而是制度。举一个非常好的例子，就是德国与奥地利关于自愿捐献器官的案例，研究者发现德国人参与自愿捐献器官的比例为百分之十几，而奥地利为百分之八十几。这两个国家人种相同、生活方式相同、宗教信仰也差不多，为何存在如此大的区别呢？ 原来，在德国是默认不参与自愿捐献器官的，如果希望参与，则需要去办理一堆手续，而奥地利是默认参与的，如果不愿意参与捐献器官，就需要去办理一堆手续，结果人怕麻烦，而且心想“去世之前改就行了呗”，所以懒惰 + 拖延症导致了这样的结果……

所以美国政府就学习奥地利，改为默认参与 401K 计划，问题是投资什么呢？太复杂了人家都搞不懂，而且最好投资不需要调整的产品，一直投资到退休，什么产品最适合呢？当然是**目标日期（TD）基金……随着年龄增大权益资产配置减少，债券与现金资产增加……**

所以，美国人在惯性作用下积极参与 401K 计划，在 2006 年之前的参与率仅有不到 50%，到 2016 年已经快达到 90% 了。结果导致 TD 基金的崛起，如图 15.4 所示。

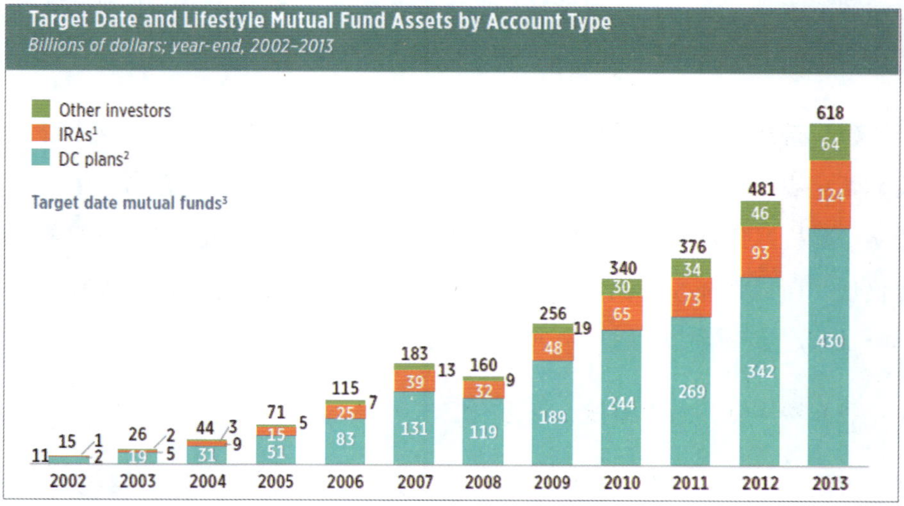

图 15.4　目标日期基金的规模增长

另外，美国股市在 2008 年大跌，那么基金持有人不会赎回吗？富达的数据显示，在 1500 亿美元规模的基金中，赎回金额仅为 8000 万美元，不足总规模的千分之一。原因是什么？因为投资 401K 计划的钱，就如同我们缴付社保一样，直接在工资中扣除了，而不是先发 10000 元，再转 500 元到 401K 计划。两者的区别在于，自动扣除的结果是很多投资者基本没有意识到有这笔钱的存在，或者根本不知道这笔钱能取出。

在金融危机中的情况是，金融危机使得股票市场跌了 50%，如果客户在低点赎回，他将错过的是 2008—2016 年将近 200% 的收益，仔细想想，赎回与不赎回的结果差 4 倍（**此外，现在大家都说美股被高估，从 TD 基金的崛起来说，美国的牛市才是真正的养老金入市的结果，在每月发工资之后，都会有固定的现金流入 TD 基金，通过基金持续购买美股股票，而且每月都有钱，净买入**）。

3. 美国智能投顾的崛起和发展及与中国智能投顾的区别

智能投顾在美国的兴起，大概可以追溯到 2011 年 Wealthfront 的诞生。虽然智能投顾打着“计算机智能”的大旗，但其在美国之所以受到以硅谷科技公司员工为主的人群的青睐，原因不外乎以下两点。

（1）**普惠金融，低门槛。**在美国，人工费贵，尤其是金融行业，所以如果你希望有一个投资顾问为你服务，那么门槛动辄几十万美元甚至 100 万美元。但是机器代替人来进行投资顾问服务，可以不知疲倦地 24 小时服务，成本极低，所以智能投顾的门槛一般低至数百美元。这个优点，其实对于早就熟悉了普惠金融的中国用户是毫不陌生的。

（2）**费用低，大大省钱。**相比门槛，这一点其实更具诱惑力。

美国智能投顾行业先锋 Wealthfront 官网上有一张图，揭示了智能投顾提高投资收益的 5 种途径。根据 Welthfront 的宣传，他们认为自己每年可以给客户提高 4.6% 的收益，而这部分收益经年累月可以在几十年中为客户带来额外 200% 的收益，看着的确诱人。

但是，如果你是投资专业人士，就会发现 Welthfront 宣称的 5 种途径其实算不上什么“黑科技”，技术含量并不高。

第一种，“Index Funds Over Mutual Funds”，指的是智能投顾大规模使用 ETF 这种低成本指数基金，来代替传统投顾会使用的管理费昂贵的主动型基金，省下管理费。在美国，一只主动型基金每年可能会收取 1.5%~2% 的管理费，而优秀的 ETF 管理费率可以低至 0.09%。在美国，基金业高度竞争，主动基金很难创造超额收益，而高昂的管理费就成为劣势了。不过，**指数基金的崛起，在美国已有几十年历史，算不上智能投顾的“黑科技”**。

第二种和第五种都是与避税相关的。在美国，投资需要缴纳多种税，包括股息税和资本利得税。而不同的交易及报税方式，可以产生不同的纳税结果，好的税务规划师可以以高超的技艺为你避税，Welthfront 将人工避税改为机器实践，同时利用一些指数化投资的技巧来避税，这的确是电脑智能的一大贡献，两者相加可以降低 1.4% 的成本。由于**这两项效果是立竿见影的，因此成为智能投顾最具吸引力的卖点**。

第三种是资产配置优化，比较有含金量，Welthfront 估算其可以带来 0.5% 的超额收益。

第四种是自动资产再平衡。也就是定期将投资者的资产组合回归至初始比例，避免在大涨的资产上暴露过多的风险。这其实是极为简单的技术，Welthfront 估算其可以带来 0.4% 的超额收益。

好了，将以上智能投顾提高收益的途径合计盘点一下，指数基金和资产再配置是成熟的技术，Welthfront 预期带来 2.5% 超额收益（占 4.6% 的 54.35%），税务规划是让机器做人工苦力活，而资产配置优化带有黑科技的味道。另外从中美智能投顾的界面风格也可以看出其中的主要区别。

美国智能投顾以 Betterment 为例，如图 15.5 所示，投资之前首先要输入的是年龄与收入这两个关键指标，之后是投资目标（养老、固收、投资增长）等，当然还要选择具体使用什么账户，通常是 IRA 账户（减税账户），之后系统生成一个投资组合，投资组合中多数标的为指数基金。其实通过对界面的不同选择，可以猜出其背后有多少种可能性，即年龄 / 收入 / 目的 / 账户四个维度复合出的投资组合。当然随着年龄的增长，智能投顾会提醒你或者自动帮你进行再平衡。

以招商银行的摩羯系统为例，如图 15.6 所示。你只需要输入两个参数“大致投资期限”与“风险承受级别”就可以自动生成组合了，其号称计算 107 万次，次数仅是时间与设备的问题，与智能无关。通过这两个参数，我们可以猜出其背后最多有 3×10=30 个组合。投资者在投资之后，是否随着年龄的增长要进行组合调整呢？

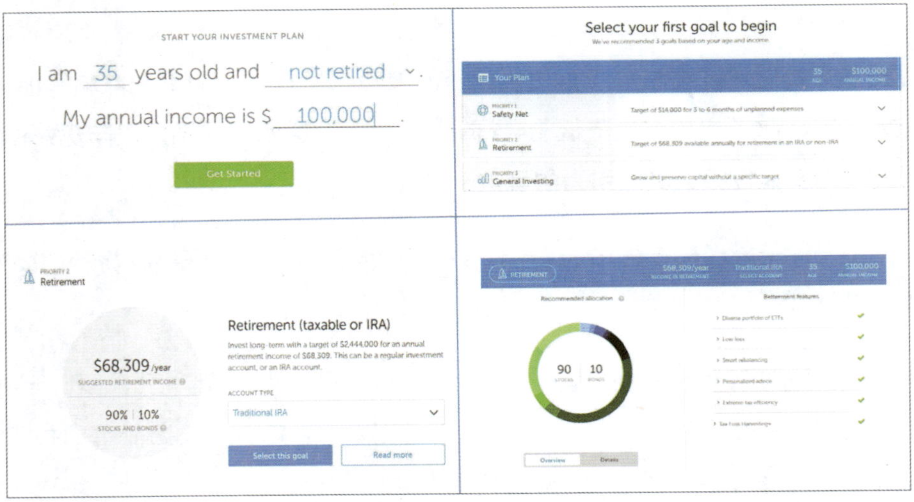

图 15.5 Bettermen 网站页面

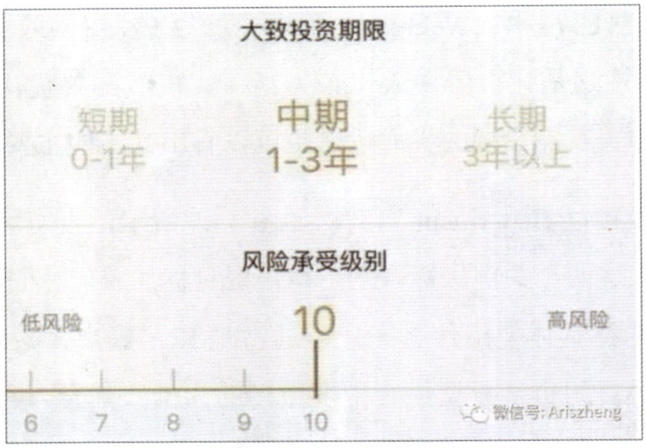

图 15.6 招商银行摩羯系统界面

当然不用，因为投资者的投资期限最多在三年以上（根据投资者持有基金期限的统计数据得出），智能投顾的首要目标是帮助投资者降低成本，其次是优选基金构建组合。但是节约成本是所有金融机构均不愿意提及的，因为中国只有卖方投顾，其佣金主要来源于基金收费的分成。换句话说，卖方投顾的存在就是基金运营成本的主要部分，如果降低成本，则会减少金融机构或者基金销售机构的收入，“帮助投资者降低成本”这个目标与其本身利益不一致。所以其仅能更多地宣传智能投顾的优选基金功能。但是根据美国经验或者中国过去十多年的经验，追求优选基金业绩不可能长期实现，美国智能投顾都是通过帮助投资者降低成本而盈利的，例如原来投资需要付出其中 1% 的投资顾问费，现在通过机器人工智能的方法仅需要付出 0.2% 的费用，节约了 0.8% 的成本，对于二三十年的投资而言，0.8% 的复利是相当可观的。

最后需要说明的是，基金的未来业绩是不可预测的，但是基金的成本是实实在在的。再重复一次：智能投顾的首要目标是帮助投资者降低成本，其次是优选基金构建组合。

\>

第 16 章 为何目前国内智能投顾千篇一律

中国消费“噱头”的能力，远比消费技术不知道强多少倍。例如，现在**智能投顾**似乎又快满大街都是了，蔓延速度非常快！但凡我们有心对所有的智能投顾测试一下，就会发现输入参数无非风险承受能力与投资期限两个重要选项，或许还有投资金额，但是投资金额仅是一个常数。

学过概率论的人都知道排列组合，例如风险承受能力分 5 档，投资期限分 3 档，所能构成的组合仅有 15 种。所以，你就会明白，仅如此简单的参数如何会更智能呢？ 有心的投资者或许测试过，招商银行的摩羯系统背后资产配置组合估计不会超过 30 种。智能投顾所用的理论大多基于马科维茨模型，不是没有别的选择，而是现代投资组合理论大多都建立在这个模型上面。

马科维茨资产配置模型

1952 年，马科维茨在《投资组合选择》一文中引入了现代投资组合理论（Modern Portfolio Theory，MPT）的概念，并且用数学语言表达了分散投资如何降低风险。自此，投资管理界发生了翻天覆地的变化。投资组合的预期收益是组合中不同标的预期收益的加权平均值。比如，某投资组合持有 60% 的股票资产，股票资产预期收益率为 8%，同时组合持有 40% 的债券资产，债券资产预期收益率为 5%，那么组合的预期收益率为 6.8%=（60%×8%+40%×5%）。多资产投资组合预期收益的计算公式如下：

$$r_p = \sum w_i r_i$$

其中，r_p 是投资组合的预期收益，w_i 是资产 i 的权重，r_i 是资产 i 的预期收益。从计算公式可以看出，投资组合收益实际上是各资产收益按比例分配权重后的组合结果。投资组合收益与各资产实际的相关性无关，与各资产预期收益及其权重相关。

马科维茨在该文中指出，预期风险取决于各类资产之间的相关性，这种相关性用相关系数表示。比如，某投资组合持有 60% 的股票资产，股票资产的标准差为 15%，同时该组合持有 40% 的债券资产，债券资产的标准差为 5%，股票资产和债券资产的相关系数为 0.20，那么投资组合的标准差为 9.6%，计算过程如下：

$$\delta=(0.6^2 0.15^2+0.4^2 0.05^2+2\times0.6\times0.4\times0.15\times0.05\times0.2)^{0.5}\times100\%\approx9.6\%$$

如果只是对两类资产的标准差进行简单加权平均，得到的结果是 11%，这种情况只有在两类资产相关系数为 1 时才会发生（在两者完全正相关时不会产生任何分散效果），所以只有针对不完全相关的资产才能收到降低组合风险的效果。多资产投资组合预期风险的计算公式如下：

$$\delta_p^2 = \sum w_i^2 \delta_i^2 + \sum\sum w_i w_j \delta_i \delta_j \rho_{ij}$$

其中，δ_p 是投资组合的预期方差，w_i 是资产 i 的权重，δ_i 是资产 i 的标准差，ρ_{ij} 是资产 i 与资产 j 的相关系数。

说到这里，或许你就能明白“为何智能投顾千篇一律”了。其实这里所谓的“智能”，就是根据不同的风险偏好与投资期限，为投资推荐不同风险收益特征的投资组合而已，并不能创造超额收益。**到最后所有人都在采用相同的技术、相同的引擎、相同的物料，纵观全行业，所有机构给出了一样的数字化财富管理方案，只是名字不同而已。**

智能投顾在美国的兴起，大概可以追溯到 2011 年 Wealthfront 的诞生。虽然智能投顾打着“计算机智能”的大旗，但其在美国之所以受到以硅谷科技公司员工为主人群的青睐，不外乎两点：低起点、低费用，并非国内所宣传的可以创造超额收益。

>

第 17 章
智能投顾 /FOF 的逻辑：以投资者回报为使命

（德圣基金研究中心 江赛春）

智能投顾是近一年来行业的热点。而随着公募 FOF 试点办法公布，公募基金行业中首批 FOF 即将到来。这两者存在着内在的逻辑关系。我们长期从事以服务买方为使命的基金研究，并且把 FOF 作为主要的业务方向，试图对中国市场智能投顾 /FOF 的逻辑及其商业模式做比较深入的思考，以期抛砖引玉。

中美智能投顾：不一样的智能

2009 年后智能投顾首先兴起于美国，在技术驱动行业、技术改造行业的潮流下，智能投顾成为 Fintech 的一个热门领域。Betterment、Wealthfront、FutureAdvisor 等新创公司成为智能投顾概念的引领者，以现代投资组合理论为基础，以自动化配置资产为核心，成功分得传统资管市场的一杯羹，服务的资产规模快速增长。

美国智能投顾的兴起也引起了中国市场的关注和模仿，智能投顾成为 Fintech 创新的一个热门领域。然而引入概念容易，但在大家深耕市场时，却会发现美国式智能投顾模式在中国遭遇水土不服，行业叫好而不叫座。其根源在于中国与美国的智能投顾有着完全不同的土壤，两个市场智能投顾的核心目标也是不同的。

美国市场智能投顾的主要功能是技术对人工投顾的替代，这是在人工投顾充分发展、但遇到瓶颈和问题（人工服务高成本、高门槛，2009 年后遇到大量诉讼）的背景下兴起的。采用 IT 技术和透明的策略，在一个资产配置理念盛行的成熟市场上，智能投顾起到低成本、高效率替代人工投顾的作用。

然而中国市场却和美国市场处于完全不同的状态。首先，中国市场与美国市场差异明显，中国市场波动巨大，获取回报困难；其次，中国投资者普遍不成熟，预期波动巨大，资产配置观念难以落地。

由此造成两个市场最大的不同是，美国市场个人投资者达成长期投资目标并不难，智能投顾需要用更低的成本和更高的效率达成同样的目标。而中国市场多数投资者长期投资失败，达不到基本投资目标；投资者迫切的需求首先是如何能降低投资风险，获取回报；也就是说，中国智能投顾的核心目标并不是采用新技术降低服务成本，而是如何帮助投资者赚到钱。

对投资行业而言，这本来不应是问题的问题，恰恰是中国市场最大的问题，美国和中国智能投顾对比如表 17-1 所示。

表 17.1　美国和中国智能投顾对比

	美国智能投顾	中国智能投顾
业务背景	人工投顾行业充分发展，费率高昂	买方投顾服务处于空白状态
市场背景	成熟市场，波动较小；可投资标的广泛；长期回报较稳定	新兴市场，波动巨大；可投资范围狭窄；收益极不稳定，难以获得目标回报
客户特征	客户成熟，投资预期明确，风险偏好较稳定；场景化长期投资；接受资产配置观念	客户不成熟，收益敏感，预期波动巨大；投资期限不确定；风险偏好不稳定
投资目标	目标化投资；分散配置，提高效率，降低成本；税务优化投资	控制回撤，获取相对稳定的正回报
实现手段	数字化投资算法替代人工投顾；组合优化配置理论；服务过程简单化	针对复杂的市场环境和低效的客户投资现状，开发复杂但有效的组合管理逻辑，并实现投资全程服务
服务内容	简明清晰的投资策略； ETF指数化投资；不追求超额收益 标准化投资流程；绩效评估	个性化、复杂、有效的投资策略； 主动型产品配置为主，寻求超额Alpha； 超越市场的回报目标； 客户预期管理、客户心理引导

表格来源：德圣基金研究中心

投资者回报悖论：基金行业的十年之痛

就理财行业而言，国内市场的重要背景使这一行业长期未能为大众投资者创造回报。以基金为例，从 2007 年至 2016 年，中证股票基金指数的年化收益率为 10.3%（考虑不同的样本、加权算法和计算周期，股票基金的年化收益率在 10%~17%），同期上证指数年化收益率为 1.04%。可见从客观投资回报数据上，基金的表现大大超越了市场，这一成绩放在全球市场都算是不错的，如图 17.1 所示。

然而这 10% 的长期年化收益率有多少落入了投资者腰包呢？我们考虑投资者真实资金流入的时间加权，大致模拟一条投资者回报曲线，这条投资者加权回报曲线大大弱于投资回报曲线，甚至弱于上证指数（如图 17.2 所示）。

图片来源：德圣基金研究中心

图 17.1 基金产品投资回报长期表现不错

图片来源：德圣基金研究中心

图 17.2 投资者加权回报和投资者回报的巨大差距

在基金年报中这一状况得到更确切的证实。据统计，自 2001 年至 2016 年，基金投资者在基金上加总的回报为 -2700 万元。可见，15 年长期投资后，基金投资者整体上非但没有从基金中获取回报，反而是净亏损的！

这一惨淡的状况可以称为“投资者回报悖论”——在基金行业产生了不错的客观收益的情况下，这一行业长期却未能真正给投资者带来价值！

这也是基金行业的十年之痛——专业投资工具却难以获得投资者认可。基金在普通投资者眼中和在专业投资者眼中的评价两极分化：基金经理会认为在投资上已经做得足够出色，放在全球也不遑多让；而普通基金投资者对基金的口碑则始终不高，因为他们长期承担了风险，却没有真正获得回报，如图 17.3 所示。

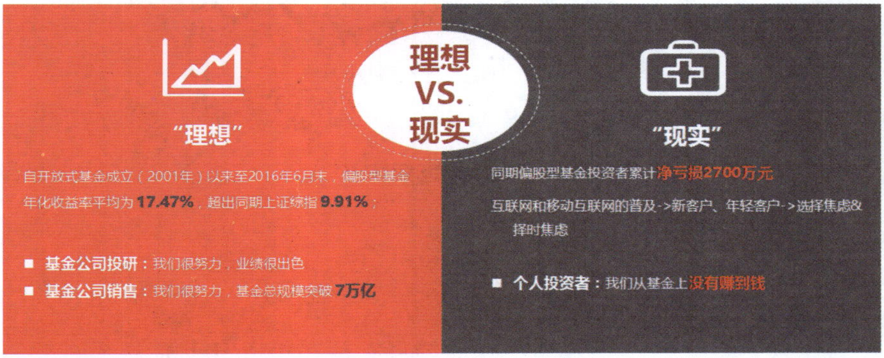

图片来源：第三方研究报告

图 17.3　理想与现实的差距：投资者回报困局

很不幸，造成这一悖论或许不是基金行业的主要责任，但却是消灭基金行业价值的行业痛点。

在高风险市场下，基金产品无法提供适应投资者状态的风险收益特性，而普通投资者又无法认知和管理风险，是造成这一悖论的根源。

从过去十几年的情况来看，基金投资者行为整体上体现出强烈的顺周期特征。而与股民不同的是基民“追涨不杀跌”，即在全市场出现显著赚钱效应后散户资金大规模进入；但在出现亏损后大多数投资者选择被动持有忍受亏损，直至回本或下一轮高涨。这导致在全市场周期中，基金投资者的平均投资成本远高于市场平均成本，无法获取平均回报也就顺理成章了，如图 17.4 所示。

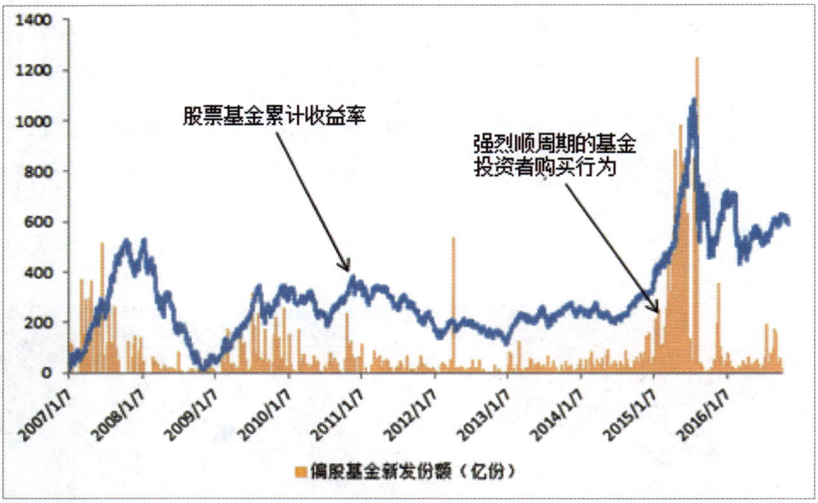

图片来源：德圣基金研究中心

图 17.4　基金投资者追涨不杀跌

为什么投资者会出现普遍的行为错误？放在个人身上是一个无解的难题。个人投资者在面对高波动率产品时，贪婪与恐惧的交织必然导致决策错误，这是基本的人性；尤其在中国市场的大周期、高波动率情形下，人性的弱点更被集体放大了。这意味着在长周期中，投资者在关键的战略时机选择（或者资产配置）上必然出现重大错误。

个人无法管理风险是人性的一部分，这是无解的。但放在行业层面，却成为重大的价值缺失。理论上这是投顾应该扮演的角色，应该有人帮助投资者管理风险。但遗憾的是“投顾缺失”——买方投顾成为从产品提供方到产品投资方这一价值创造链条上缺失的关键环节，这一现象长久以来已成为行业共识。

智能投顾的重心在于买方投顾，与 FOF 一体两面

投顾缺失是大众理财行业的真正痛点。然而中国市场上并不缺少投顾，只是缺少真正意义上的买方投顾。广泛存在于传统机构的投顾基本可以称为“销售顾问”，或者“卖方投顾”。卖方投顾的商业模式是促成交易，卖方销售机构一方面缺乏系统有效的买方投资研究能力（投顾缺乏管理市场风险或甄别产品的投资能力），另一方面，“是迎合人性而不是投资理性”是符合商业逻辑的选择，其后果必然是放大投资者的人性弱点。

那么智能投顾应该做什么？我们认为中国市场需要的智能投顾，其重心不在于运用新 IT 技术的智能化，而在于通过创新实现买方投顾的本来定位。如果技术创新不能服务于买方回报，而是换一种方式的卖方销售，那么必然难以得到 C 端客户的认可。

这与近来基金行业中讨论热门的 FOF 在本质上是同一方向的。在逻辑上 FOF 的引入就是为了解决投资者直接投资于基金产品无法盈利的难题，换种方式解决买方投顾缺失的问题。以我们的理解，基金行业中从来不缺少高波动率、高盈利性的好产品，但缺乏让投资者容易获取回报的产品。现有基金产品无法实现投资者在高风险投资中风险管理的需求，而投资者最迫切的需求恰恰是 FOF 的使命。

所谓智能投顾，则是去中心化的 FOF，相当于在每个投资者的基金账户中运行一个小规模个性化 FOF。所以，在投资方面，投顾与 FOF 实质上是一回事。两者共同的核心目标就是实现投资者回报曲线的显著优化。

在投资逻辑上，若做不出好的 FOF，则必然做不出好的买方投顾；这两者的核心竞争力是高度统一的。投顾服务于买方利益，首要的前提就是投资有效性，即投顾自身采取的策略是否能够有效管理风险并获得回报，策略是否具备执行的可行性。如果投顾自身不具备比较优秀的投资能力，也不具备

真实的赚钱能力，服务于买方利益就无从谈起。而相比于集中管理的 FOF，分散账户投顾的需求更加个性化，在投资策略上难度更高。

如果以 5% 的固定收益产品作为参照基准，投资者所希望获得的是在可承受的风险下，获取高于 5% 的年化回报率，而风险则不超出个人客户所能接受的水平，这就是智能投顾应该瞄准的目标区间（见图 17.5）。

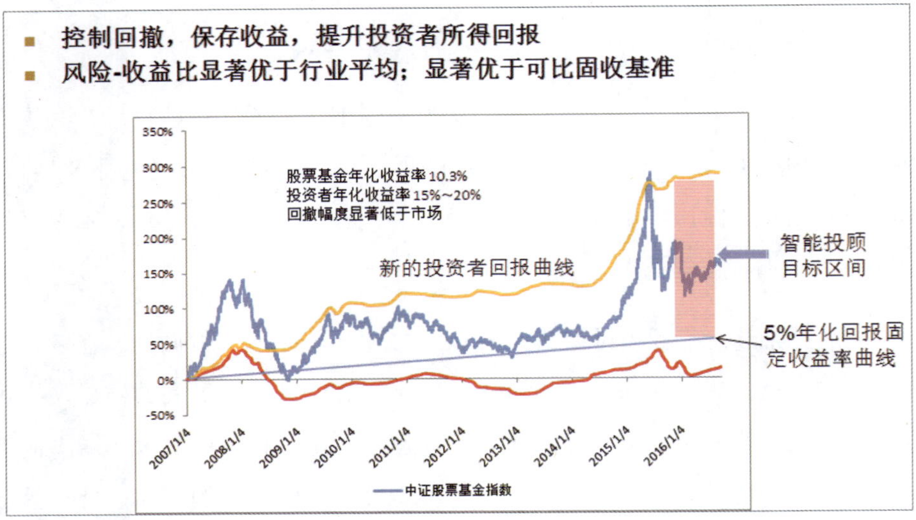

图片来源：德圣基金研究中心

图 17.5　智能投顾的目标：改造投资者回报曲线

智能投顾的头号难题：客户持续赚钱体验

卖方投顾要做什么？把产品销售出去就是成功，而至于投资者是否获得回报，则与卖方无关。所以卖方投顾的工作重心集中在售前，即促成客户购买产品；而至于销售后的服务，如何实现收益，如何管理风险，则不是卖方投顾的关注点。

买方投顾要做什么？不但要解决售前是否应该投资、投资何种产品的决策问题，还要解决投资后如何管理风险、如何实现回报的关键问题，如图

17.6 所示。买方投顾关注的核心是客户是否能够盈利，是否能达到投资目标。这一难度无疑远高于卖方销售。

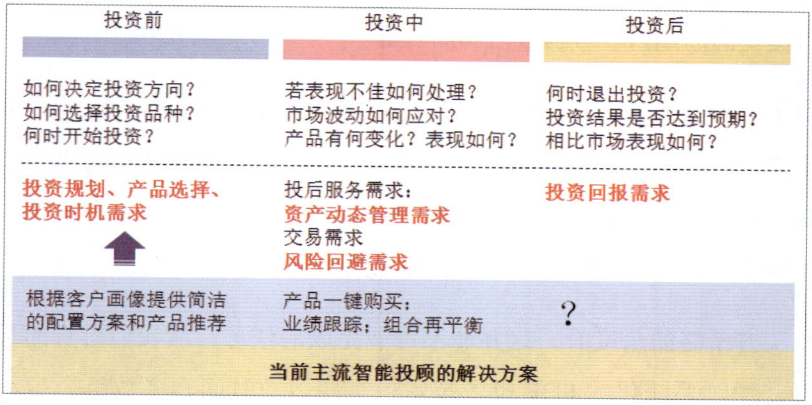

图片来源：德圣基金研究中心

图 17.6 个人买方投顾服务的全面需求

从根源上说，卖方投顾终究也是需要考虑客户赚钱体验的，否则只能不断流失客户。然而在过去十年间，基金行业和传统销售行业靠的是不断“割韭菜”的模式，对客户资源进行粗放的“收割”，以至于某些基金最大的成功就是以亏损长期套牢投资者，再等待下一批市场高涨时主动买套的基民（“韭菜”）。

买方投顾的核心价值是能有效修正投资者的关键决策错误。我们深刻感到，投资者战略进出时机的选择是长期影响投资回报的最关键决策。也就是所谓“战略择时”问题。而对于趋势判断的择时，传统投资行业 95% 的人都会说这是不可能的决策，投资者想要的太完美，不可能做到。

但我们换一个角度来理解这个问题，大多数投资者需要的所谓“战略择时”，并不是要真的实现完美的“逃顶抄底”，而只是要避免强烈顺周期的行为错误；或者换句话说，需要具备与其风险承受能力匹配的风险管理能力。这种风险管理能力，可以来自有效的资产配置策略，也可以来自主动的风险管理。

从某种意义上说，由于买方投顾的缺失，现有的基金行业将最困难的择时决策留给最不专业的个人投资者，那么投资者犯错就是必然的了。而专业投资者通过系统化的风险管理完全有可能纠正严重的择时错误，以实现在投资者可接受的周期内多数组合盈利的目标。

对于智能投顾而言，能在多大程度上管理市场风险和客户风险，以实现多数客户多数时间的赚钱体验，是在投资技术上的最大挑战。这包括两个层次的赚钱体验：一是盈亏差别；二是最大回撤 - 收益比。盈亏是把客户留住的基本要求；而盈利高低则是竞争力高低的体现。

从买方策略的角度看，这并非不可能完成的任务。从我们自身的长期实践来看，通过系统化的 FOF 投资技术，实现多数时间、多数组合盈利并非不可能。

举个例子，某基金公司在近三年内新发时买入公募基金产品的认购投资者几乎没有亏损，这就创造了极为重要的客户体验，使得客户口碑和保有量大大提升。但原因在于该公司对产品发行的时机和品种进行了选择——从某种程度上说，也就是执行了正确的买方投顾操作。虽然该公司的产品并不能避免之后的高波动率，但是正确的决策能够创造价值，是确定无疑的。

有效的投顾，必须解决客户长期盈利、持续盈利的需求。这需要有系统性的、有效的投资能力，以及系统化地管理客户行为的能力。换句话说，投顾就是将有效的策略“销售”给客户，引导正确的行为，从而产生预期的投资结果。

资管的不可能三角：“较低风险 + 较好收益”是智能投顾 /FOF 的目标

“服务于买方利益”，看起来很美，但做起来很难。原因是投顾行业众所周知的“投资者不理性”，投资者既想要最高的回报，又只想承担最低的风险。

资产管理行业存在一个“不可能三角形”，即在风险 – 期望收益率 – 资金容量之间存在不可兼得的关系，如图 17.7 所示。道理很简单，如果存在着完美的低风险 – 高收益策略，那么涌入的资金会迅速填平其策略的有效性空间。

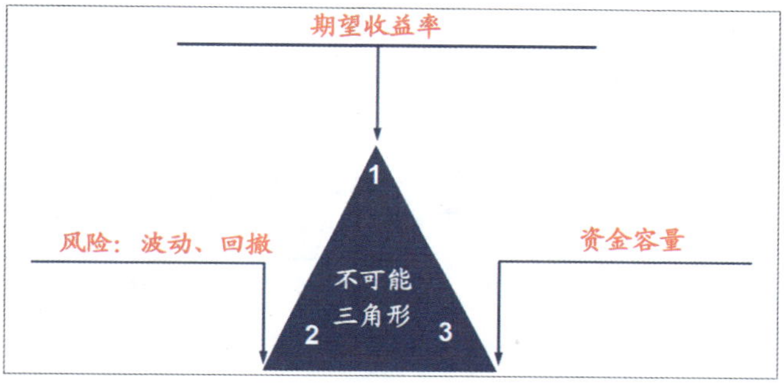

资料来源：中信证券

图 17.7　资产管理的“不可能三角形”

既然个人投资者“永远只赚不赔”的理想是不可能实现的，那么是不是买方投顾就完全不可能实现了呢？

事实上这是另一个明显的误解。我们当然知道高收益 – 零风险的 100 分目标不可能实现，但是在投资者的现状 40 分与完美的 100 分之间，存在着大幅可以努力的空间。只要能够实现风险 – 收益特征明显的改善，以及与投资者实际情况的有效匹配，智能投顾 /FOF 在逻辑上就是成立的。

在风险 – 收益象限中，相对偏向右下方的区域，都是智能投顾 /FOF 可以瞄准的投资目标，如图 17.8 所示。越偏向理想的中低风险 – 高收益区域，FOF 的竞争力就越强。

基于中国市场投资者的现实，我们认为，在风险管理基础上的收益优化是 FOF 最重要的目标定位。追求超额收益并非 FOF 的首要目标，而风险管理的重要性则怎么强调都不为过。基金投资者整体上投资失败的最重要的原因并非在于缺乏高收益产品的投资机会，而在于风险管理的失败。

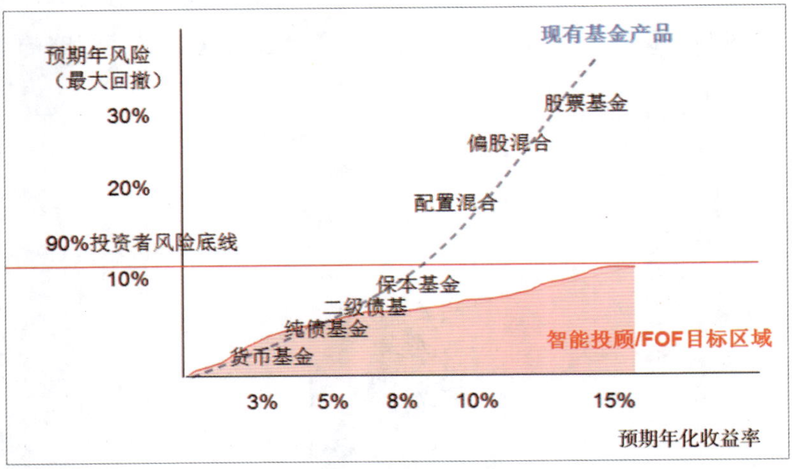

图片来源：德圣基金研究中心

图 17.8 智能投顾 /FOF 的目标风险 - 收益区间

在我们看来，这同样应该是 FOF 的核心定位。当然，以风险管理为先并非意味着放弃对收益的追求，比如采取极其保守的配置策略，那么 FOF 相比原有低风险产品也没有明显优势。智能投顾 /FOF 的目标，应是在风险约束的前提下兼顾收益，以帮助投资者在承担适度风险后，能够实实在在地获得风险资产的收益。

至于如何努力做到风险 - 收益象限中相对理想的右下方区域，则属于 FOF 投资技术范畴，我们在此不做过多讨论。但事实证明这并非不可能，系统化的 FOF 投资技术和关键性的风险管理技术，的确可以大幅优化现有产品的风险 - 收益特征，使得 FOF 成为更加契合投资者需求的投资选择，如图 17.9 所示。

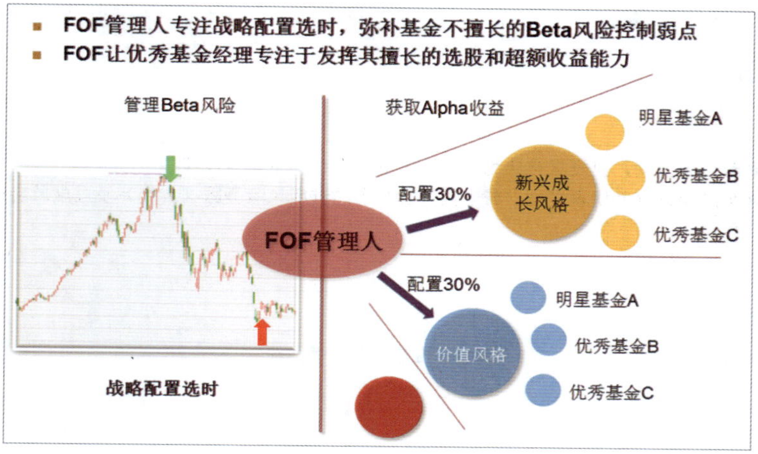

图片来源：德圣基金研究中心

图 17.9　公募 FOF 的投资逻辑

以上我们探讨的是“智能投顾 /FOF 基金账户”在投资上的买方逻辑，即实现较低风险 - 较高收益的目标，为实现这一目标在风险管理和超额收益上的平衡，可以总结为投资上的有效性。

然而对于投顾而言，挑战并不仅限于买方策略的有效性。买方投顾与 FOF 产品的区别在于资金不出投资者账户，投资决策权仍在投资者自身。因此投顾相对于 FOF 又多了另外一重工作，即能否将有效的投资策略转化为投资者的有效行动。有正确的策略是一回事，投资者能不能执行是另一回事。

这里涉及的是智能投顾的另一个核心：服务有效性。如何说服投资者在貌似违背人性的情况下做出正确决策？何时需要应对、如何应对客户投资的“非理性”？这不仅仅是简单的投资者教育，更是一个系统工程，需要对投资者目标、投资者行为、交易心理进行深入研究。以我们在银行渠道从事投资者服务多年的经验来看，投资者并非天然不理性，只是销售机构对客户心理研究不到位，不能把握投资者决策心理的痛点。

例如，个人投资者普遍存在的风险偏好漂移。这一特点会影响投资者在不同情况下的行为和决策；而适合客户的买方策略也需要对此做出相应的调整，如图 17.10 所示。

- **随着市场波动，投资者自认为的风险承受能力在发生系统性漂移**
- **真实风险偏好的错误识别，带来投资行为上的过度风险暴露（贪婪）及过度风险规避（恐惧）**

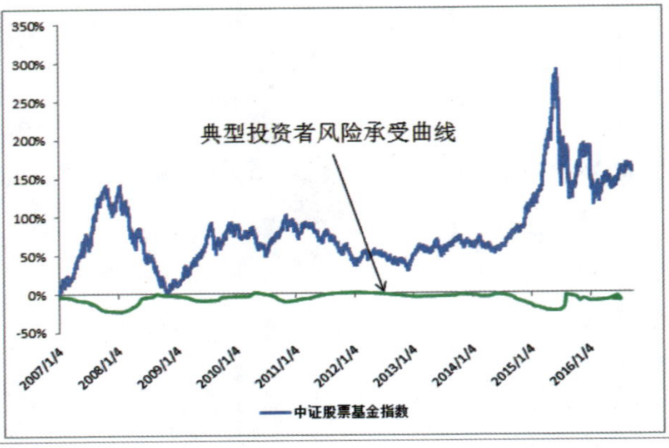

图片来源：德圣基金研究中心

图 17.10　个人投资者的风险偏好漂移

为什么在金融服务行业中人是难以替代的？因为人和人面对面时更容易产生信任感，所以投顾更容易把握客户的真实需求，从而说服投资者。而智能投顾在这方面的创新，有可能通过人工智能深入了解客户，挖掘客户需求和行为偏好，实现人工服务的某种替代。换言之，智能投顾必须考虑对客户行为的引导，与正确买方策略相结合，才能实现正反馈的良性循环。

智能在哪？量化策略 / 机器人能解决问题吗？

我们探讨了国内基金投顾的现实，提出中国智能投顾的目标是解决买方投顾缺位的痛点。这显然与依赖技术驱动的成熟市场智能投顾不同。从这一目标出发，目前阶段的智能投顾普遍采取的量化策略 / 机器人投顾策略只能说是初级形态，这对于买方投顾是否有效？

在资管领域量化投资无疑是一个很有希望的方向。但目前在智能投顾上应用的量化策略十分有限，可以称为初级量化。简单的量化策略解决不了买方投顾的核心问题。

首先，在投资有效性上，初级量化策略对于收益 - 风险特性的改善是有限的。买方投顾的核心仍然是投资能力的竞争，而基于 IT 技术的自动资产配置模型并不足以形成足够的竞争优势；一旦具备传统投资优势的金融机构也进入智能投顾领域，将会迅速抢去最大的“蛋糕”。在美国，目前智能投顾的最大份额早已不属于这一领域的开创者 Betterment、Wealthfront 等，而属于迅速进入这一领域的传统资管巨头先锋、嘉信等。

其次，在服务有效性 / 客户行为控制上，单靠量化策略无法应对投资者的人性。客户的心理、体验、担忧、兴奋、恐惧，是简单量化的智能投顾所不能触及的。即使十分有效的量化策略，在实施过程中也时刻会遇到非理性的干扰。一个历史回测十年周期表现非常出色的量化策略，在其间也会有表现十分糟糕的阶段。在投资者身处其境产生心理痛苦甚至恐惧情绪时，量化策略解决不了决策困难甚至决策错误。以基金定投策略为例，历史数据证明其对大多数投资者而言是十分有效的策略，然而还是有很多投资者在不恰当的时候终止定投。

从这个角度看，目前主流的依赖于资产配置模型的智能投顾仅仅实现了“自动化”，而非投资者真正需要的“智能化”。那么，所谓的“智能投顾”，到底“智能”在哪呢？

还是需要回到智能投顾的两个基石：投资有效和服务有效。

在投资端，智能投顾需要真实的投资竞争力。尤其在中国市场的现实环境下，对个人投资者有效的买方策略并非易事。作为白盒策略的量化投顾进一步优化是方向之一，但面向个人有其限度，过于复杂的量化策略对个人投资者缺乏可行性；另一方面，行之有效的黑盒策略同样在中国市场有不可替代的竞争优势（主动资管在国内市场的优势仍然明显）。因此，国外市场以ETF配置为特征的量化投顾未必是最适合中国市场的方式。

在服务端，智能投顾的智能应体现在对客户更加深入的研究和了解上，通过大数据、客户行为特征分析，更加准确地把握客户的偏好和风险管理需求，将需求与买方策略匹配，从而能够对投资者的行为进行有效的引导，使得正确的策略能够有较大概率转化为投资者的正确行为。

在“投资有效+服务有效+客户真实回报”的逻辑链条下，智能投顾有可能形成正反馈的链条，从而成为行业改变升级的一股重要力量。

智能投顾TO B还是TO C？

在当前智能投顾行业发展遇到瓶颈时，出现了智能投顾应该是TO B还是TO C的争论。在我们看来，在智能投顾的商业逻辑中，客户资源－投资者服务－买方策略是三个基石。任何智能投顾要想成功，必须在投资有效和服务有效两端同时具备竞争力。

TO B或者TO C，只是不同机构基于各自不同资源禀赋的选择。那些有客户资源优势、无投资优势的机构，其业务模式本来就是TO C，其挑战在于引入买方投顾逻辑，整合投资技术能力。

而那些具备某些技术优势，但缺乏客户资源、无法有效降低获客成本的机构，也可以选择TO B提高技术能力。

IT技术和初级量化技术的作用较弱，因为可替代性最强。从这个角度看，此类智能投顾机构是不具备长期竞争力的。而优秀FOF投资技术、客户服务能力、客户资源积累都具备很强的门槛。在这几个方面具备优势的机构，都有可能成为未来智能投顾的引领者。当然，优势资源的整合是最有希望成功的路径。

无论 TO B 还是 TO C，投顾在本质上一定是服务于终端客户的。没有客户何来投顾？

新型销售 + 新型资管：智能投顾商业模式创新

传统机构做智能投顾和新型机构做智能投顾都面临挑战。从本质上说，智能投顾要取得成功，还需要商业模式上的创新。买方投顾缺失的很重要的一个原因是基于卖方的商业模式，在市场情绪高涨、风险高涨的时候，大多数销售型顾问不会拒绝客户对高风险产品的热情。

从产品导向型销售转向财富管理型销售，这是资管和销售行业长期探讨的方向；在高端财富管理行业，服务买方利益的理念和模式正在逐步成型；但大众理财领域一直没有可行的商业模式。如果智能投顾解决不了依赖卖方收费的商业模式，还以销售佣金的方式走价格和流量竞争，那么难以走得更远。

买方不愿意为投顾服务付费，这是国内买方投顾长久以来面临的最大难题。要解决这个难题，我们认为公募 FOF 或许打开了一扇希望之门。这或许是监管层大力鼓励公募 FOF 的出发点之一。

智能投顾和 FOF 的核心目标都是服务于投资者回报。基于集合资金的 FOF 产品模式，或者基于账户管理收费的智能基金账户模式，都有希望将投顾机构的重点从赚取佣金转到为投资者创造回报上来，从而实现从产品销售到财富管理的重大转变，也实现资产管理规模和客户回报的良性循环。虽然 FOF 存在双重收费的争论，投顾服务收费也并未形成模式，但我们认为应鼓励这种创新，容许行业进行尝试。

在高端投资者服务领域，买方投顾的理念已被广泛接受并被不同程度地实践。智能投顾的价值，在于通过技术创新使得买方投顾对于大众投资者也变为可能。在这个意义上，智能投顾有可能成为在上游通过智能服务连接广大终端投资者，在下游通过有效投资整合基金产品提供商的“新型销售 + 新型资管”结合体。而智能投顾平台，作为需求和供给的对接方，实际上担当着 FOF 管理人的决策角色，自身也成为价值创造的重要一环。

对于各类资产管理机构或者财富管理机构，这或许都是有待发掘的一片蓝海。监管层开启了公募基金行业 FOF 的创新试点，对于公募基金公司而言，在线投顾 /FOF 也有望开创一个新型发展模式。在这方面，一些具备战略眼光的机构或基金公司已经开始行动，并且正在悄悄地取得成效，获得了超出预期的成果。

从买方需求出发，为买方利益服务，这将是未来公募基金产业链上最重要的创新。

弥补行业价值链缺失，智能投顾前景广阔

智能投顾在美国市场上因技术创新驱动而产生，但我们认为，智能投顾在中国更应该面向需求驱动。单纯的技术创新并非智能投顾的重心，而有助于解决行业现实问题，才是智能投顾的真正价值所在。

从过去十年基金行业的巨大规模来看，作为产品提供方的基金公司并不能算失败；从巨大的销量规模来看，传统的卖方销售机构也获得了商业成功。然而“割韭菜”发展模式中最失败的就是投入真金白银的大众投资者。作为一个十万亿元级别的普惠金融行业，基金长期不给持有人带来收益是令人难以想象的。因此，若能在某种程度上弥补买方投顾的巨大价值缺失，智能投顾的想象空间将是十分广阔的。

虽然目标艰巨，智能投顾是否能承担促进行业模式升级的重任不敢断言，但是从行业发展方向来看，以投资者回报为使命似乎是下一步创新的必由之路。

第 18 章 基金定投的核心是投什么

客户经理：大哥，最近有一只基金业绩特别好，而且现在大盘又到 3000 点了，抄底的机会又来了……

基民甲：你确定现在可以抄底吗？我该如何购买呢？

客户经理:建议分批购买,或者采取定投的模式获取定投“微笑曲线”……

基民甲：要不你再卖给我一个保险呗，如果按你说的定投亏钱了，就可以填补我的亏损……

客户经理：其实我个人愿意卖给你这个保险，但是不好意思，**监管机构不愿意**啊……你看看，咱家还有其他低风险基金……

基金定投的核心是定投什么？为什么销售渠道总是宣传定投这种方式而不宣传具体定投哪个品种呢？**因为销售渠道只关心你是否来定投**，而且是长期定投，具体投资哪个品种不好说。那么什么基金适合定投呢？定投需要注意哪些方面？

1. 指数基金最适合定投

以2007年基金公司发行的QDII主动型基金产品为例。2007年美股S&P500指数从1500点跌到670点，后来回到2400点，当初那只主动型QDII基金净值还没回到1.00元，证明了买QDII就要买指数型。

2. 低费率的指数基金最适合定投

基金显性费率有管理费率和托管费率，那么选择同样低费率的指数基金，当管理费率与托管费率相同时应该怎么选择？此时就要考虑隐性费用，查阅基金的年度报告，看看交易费用谁低，信息披露费用谁低等。别小看交易费用，通常而言，交易费用只会比管理费高，不会比管理费低！曾经买过一只主动型股票基金，**一年半亏了0.3元钱，其中有0.1元竟然是交易费用**。

3. 估值相对便宜的指数基金最适合定投

这里并不是说上证50比沪深300的估值便宜就买50ETF，而是要根据投资需求去选择，比如起初要配置沪深300指数，但是又突然看到了H股ETF，其实两个指数都是金融股，权重大，主要成份股也差不多，H股ETF的估值显然比沪深300ETF的估值便宜，那就定投H股ETF好了……。买估值相对便宜的指数有一个好处，即估值相对便宜代表指数上涨的空间大，下跌的空间小！

关于具体基金定投的效果，我们可以进行情景模拟。

1. 持续的横盘

如果不考虑资金成本，定投与一次性投资的盈亏差异不大。

2. 持续上涨或持续下跌

在市场持续上涨时，定投的平均成本高于一次性投资，虽然定投可盈利，但其低于一次性投资的盈利。在市场持续下跌时，定投可不断摊低成本，虽然亏损但损失幅度小于一次性投资的损失。这很容易理解，不再赘述。

3. V 形反转

假设投资某指数，初始点位为 1000 点。定投 60 个月，前 30 个月每月跌幅 1%，后 30 个月每月涨幅 1%。每月定投金额 100 000 元，累计定投金额 6 000 000 元。

指数先跌后涨，5 年累计收益率接近 0，因此一次性投资于 5 年末不赚不亏。由于前 3 年指数下跌，定投的成本不断下降。3 年后指数反弹，但只要指数点位低于平均成本，平均成本仍然在下降，最后平均成本稍有上升，但由于指数一直处于初始点位（1000 点）之下，因此最终的平均成本远低于一次性投资。在此轮比较中，一次性投资的 5 年收益率接近于 0，而定投获得了 16% 的回报。

在图 18.1 中，投资盈亏是按比例计算的，对一次性投资来说本金是不变的，但定投本金是逐步增加的，在中途遭受的回撤，以金额计算亏损其实并没有那么大。因此，按金额来计算投资盈亏，更能体现实际情况。看图 18.2，在指数下跌后由于定投本金较少，实际损失金额要少得多。

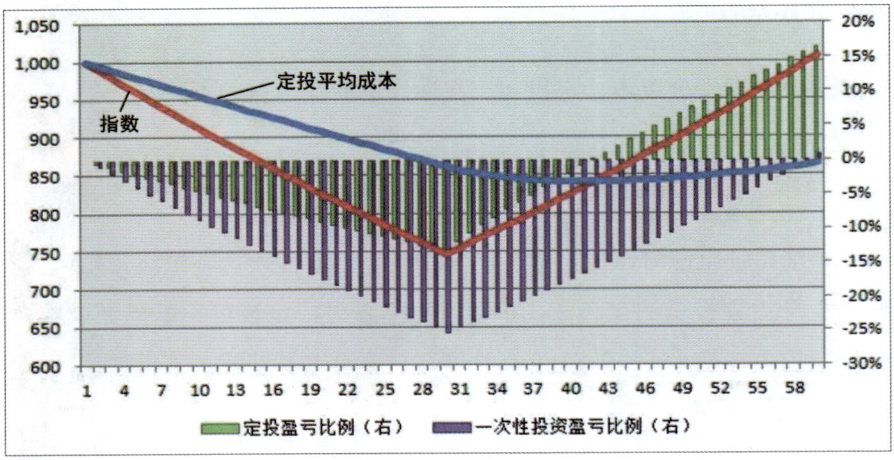

图 18.1　按比例计算投资盈亏

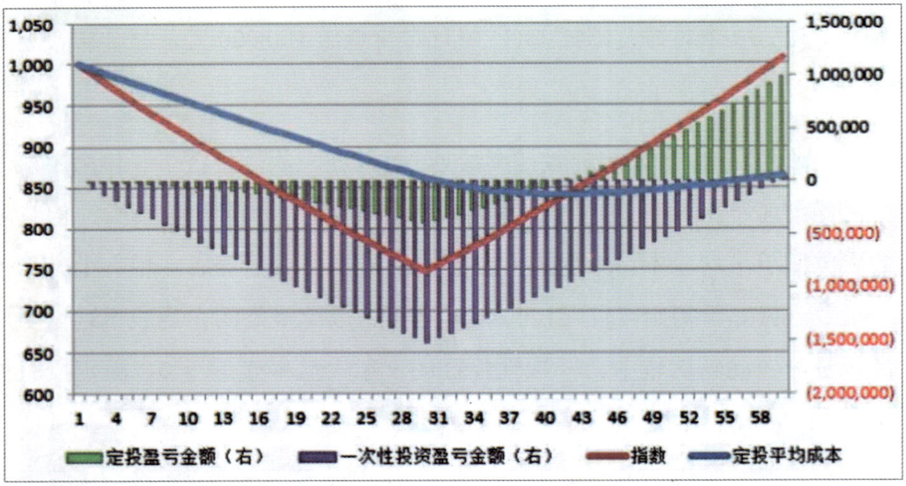

图 18.2　按金额计算投资盈亏

4. 倒 V 形反转

先涨后跌，其余假设与前面一致。我们看看结果如何，如图 18.3 所示。

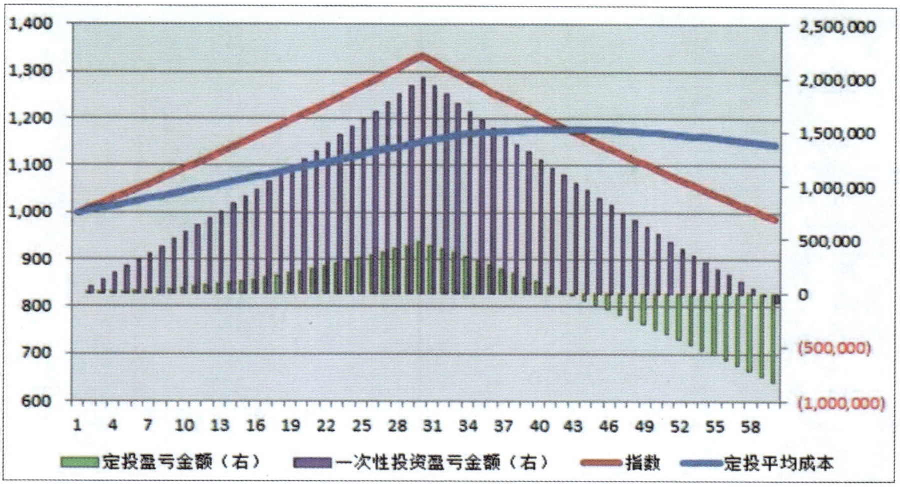

图 18.3　先涨后跌的情况

在整个投资周期中，指数基本都在初始点上方运行，定投平均成本应该高于一次性投资。一次性投资收益率接近于 0，由于定投平均成本较高，收益率最终为 -13%。

5. 长熊后急涨

假设指数前 48 个月每月下跌 1%，最后 12 个月每月上涨 3%。

测试结果与 V 形反转相仿，只是盈亏数量的差异，如图 18.4 所示。与此类似的，还有急跌后长牛。

6. 长牛后急跌

假设指数前 48 个月每月上涨 1%，最后 12 个月每月下跌 3%。

测试结果与倒 V 形反转相仿，只是盈亏数量的差异，如图 18.5 所示。与此类似的，还有急涨后长熊。

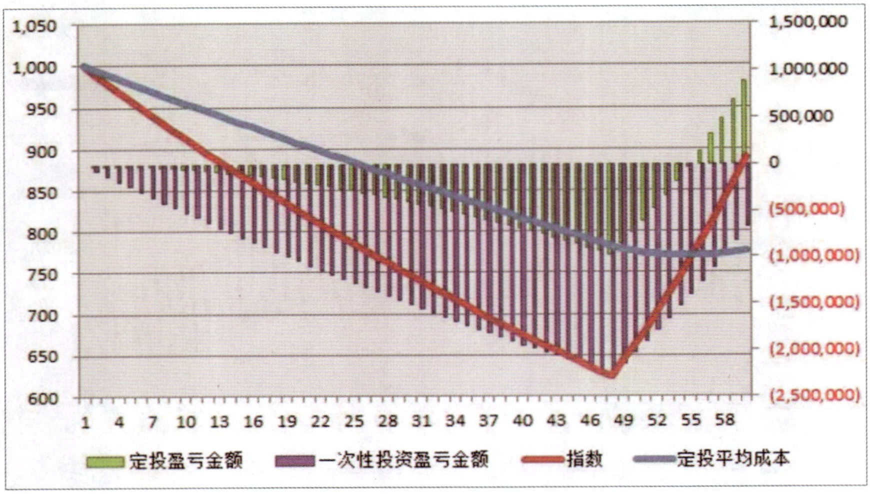

图 18.4　长熊后急涨的情况

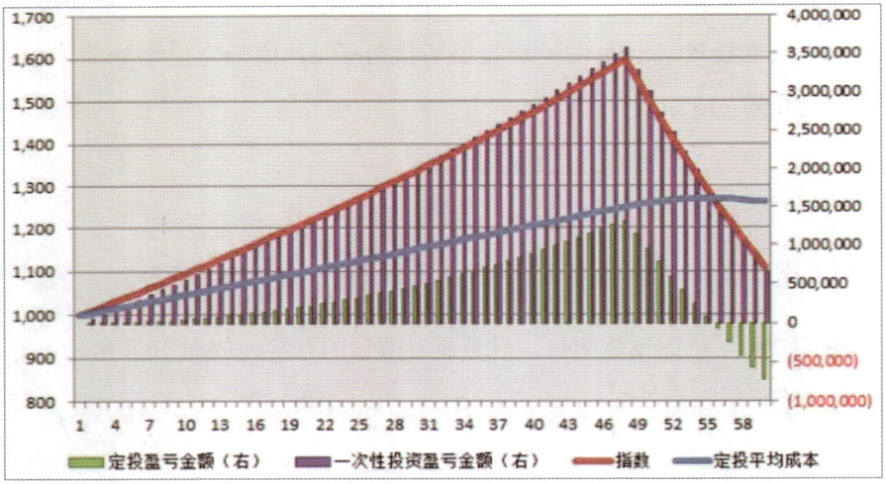

图 18.5　长牛后急跌的情况

7. W 形波动

假设将 60 个月中的指数平均分为 4 个阶段，分别为跌、涨、跌、涨，各阶段每月持续上涨或下跌 1%。

将该波动看成两个 V 形反转叠加就好了，如图 18.6 所示。同样，M 形波动效果等同于两个倒 V 形反转叠加。

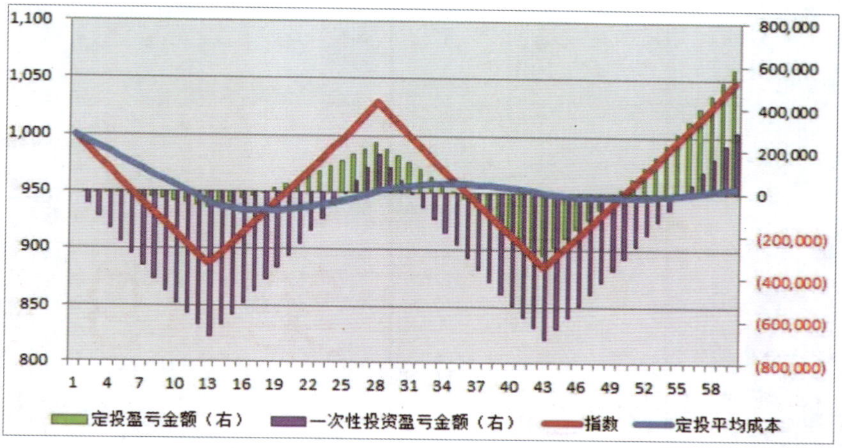

图 18.6　W 形波动的情况

随着市场走势变化，指数也通常会发生各种变化，比如现在 H 股 ETF 估值相对便宜，沪深 300 估值相对较高，但是如果市场继续下跌，是否还要转化呢？定投是否要将一个品种一路定投到底呢？指数如何选择呢？毕竟大家没有时间去挨个看每只基金的年度报告。**现实的矛盾出现了，定投似乎简单，但是投什么却又十分复杂……**

第 19 章

定投深度解析（一）——从定投 12 年收益率不到 40% 说起

（本书中“定投深度解析系列”作者：赖明理，国际金融理财师 CFP，现为明理独立理财工作室负责人，资深低风险投资者，集思录活跃用户，ID：lailai2000，本科毕业于浙江大学数学与应用数学专业，曾在保险、银行等机构有多年理财工作经验。）

集思录上有个帖子，作者谈及身边一位小伙伴定投 50ETF 的亲身经历，从 2005 年 2 月定投到 2017 年 4 月，总收益率却不到 40%，年化收益率只有 5.15%！这确实是平庸的投资结果，其承担的股市的高风险与获得的这一点收益也不成正比，问题究竟出在哪里？特别是对比我们经常听到的关于“定投魔力”的种种宣传，差异就显得更大了！

- 不是说定投是不懂理财的上班族为未来储蓄而进行的长期投资的最佳懒人理财方式吗？难道这个小伙伴坚持投了 12 年，时间还不够长？
- 不是说定投可以避免错误择时，在牛市少买、熊市多买，长期摊薄投资成本获取更高收益吗？怎么收益只有这一点点？
- 对于想要获取较高收益却又担心风险的懒人们，定投除了可获得可观收益之外，不是还可以分批进场起到分散投资风险的效果吗？怎么看起来分散风险效果不佳，这位小伙伴还是跟着市场来回“坐电梯”？
- 定投不是可以有效利用“世界第八大奇迹”——复利的力量吗？比如有文章说“每月定投 1700 元，坚持 20 年，你就可以成为百万富翁！”，又比如有人说“每月定投 1000 元，30 年即可积累 300 万元养老基金！”。那么按比例算，每月定投 1000 元，定投 20 年，怎么也该成为资产近 60 万元的富翁，可是怎么 12 年后才只有 20 万元？剩下的 8 年实现 60 万元的可能性看起来不大，距离 18 年后成为 300 万富翁更遥不可及。
- 不是说定投可以在长期投资过程中取高补低，从而获取市场平均收益，达到稳定回报的效果吗？年化收益率 5.15% 怎么也不像市场平均收益率啊！

关于这个案例，引发了许多争论，有些人怀疑计算有误，如没有考虑分红等，更多的人则认为定投基金品种选择不力，如波动性不够高，或者认为定投执行策略选择不力，没有及时止盈退出，甚至还有人认为定投纯属机构忽悠人的营销手段。关于定投的宣传和看法中到底哪些是事实，哪些纯属神话，哪些是有缺陷的误区？常见的分析中又遗漏了什么关键因素？下面结合该案例进行深度解析，因为内容较多，将分几章进行讨论。

案例回顾

原帖案例从 2005 年 2 月开始到 2017 年 4 月，每月定投 1000 元。为简化问题，这里假定在每月月底按 50ETF 复权收盘价（非净值）买入，和原帖每月 23 日买入略有区别，按复权价格买入即假定分红用于再投资，不考虑交费易用，也不考虑最小买入单位 100 股的问题，2017 年 3 月为最后一期扣款日，2017 年 4 月不扣款，以 2017 年 4 月底时的总市值作为最终市值，共扣款 146 期，总投入 14 600 元，和原帖扣款 144 期总投入 14 400 元略有区别（原帖似乎少算 2 期）。结果如下：

50ETF定投测算				
基金业绩		投资者业绩		定投年化IRR和基金差异
月算术平均收益率	1.25%	月IRR	0.56%	-3.42%
月复合平均收益率	0.82%	年化IRR	6.94%	
月波动率	9.30%	累计收益（元）	80360.29	
年化算术平均收益率	15.05%	累计收益率	55.04%	
年化复合平均收益率	10.35%	平均成本（元）	1.51	
年化波动率	32.21%			

注：这里是按月进行计算得到月度数据的，再进行年化计算，年化算术平均收益率 =12× 月算术平均收益率，年化复合平均收益率 =（1 + 月复合平均收益率）×12-1，年化 IRR=（1 + 月 IRR）×12-1。用图反映更直观，如图 19-1 所示。

定投年化 IRR 和基金本身的收益率差异

IRR 就是内部回报率，代表投资者真正获得的收益率，和基金本身的复合收益率并不相同，在此期间 50ETF 本身的年化复合平均收益率为 10.35%，但基金本身收益率只能代表一次性买入持有的投资者业绩，我们的小伙伴并不是一次性买入的，而是分 146 期陆续买入的，如果在高位买入较多，就会导致投资者的业绩低于基金本身，因此基金本身收益率还算可以，然而我们的小伙伴只获得 6.94% 的年化复合平均收益率，累计收益率也只有 55.04%（测算同样比原帖略高，但差异不大）。如果对这一点感到困惑，不妨想象一下下面这个例子：有个投资者某年年初以 100 元买入 100 份净值 1 元的基金，该基金在年中上涨到 2 元，投资者又追加 200 元买入 100 份，年底该基金又跌到 1.5 元，这样全年基金本身收益率为 50%，投资者总投入为 300 元，年底总市值也是 300 元，投资者实际收益率为零，大幅低于基金本身的收益率。

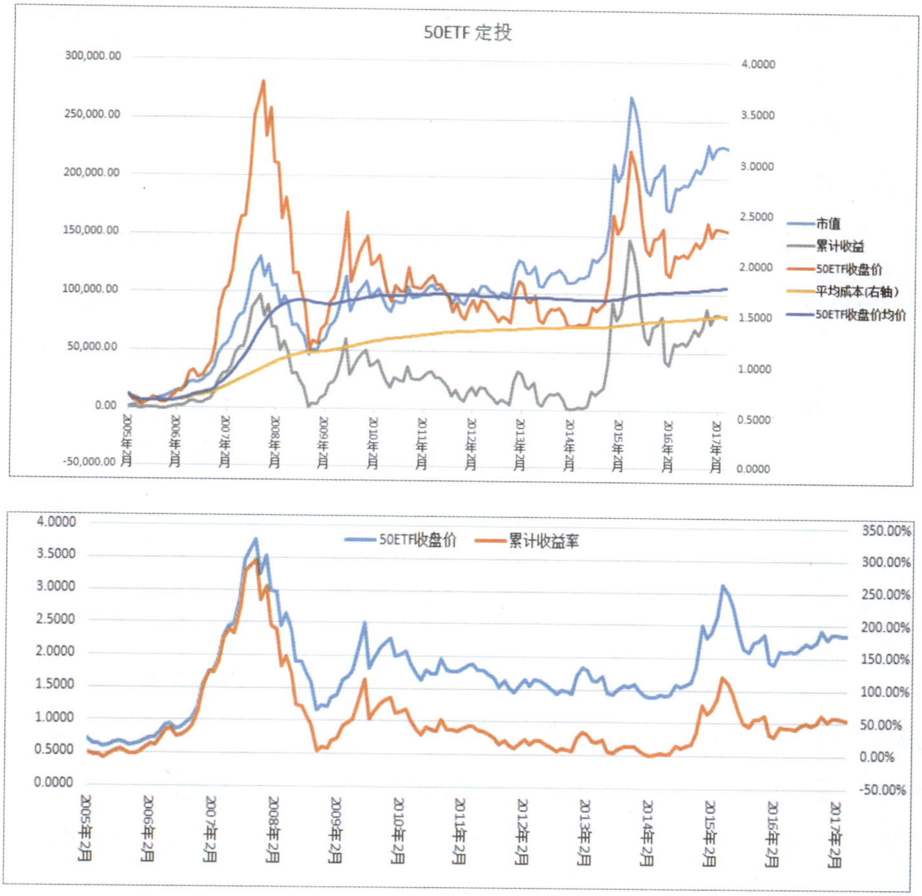

图 19-1　定投测算

还可以观察到以下几点：

（1）我们的小伙伴的 12 年定投经历了过山车似的行情，市值大幅波动，尽管波动幅度要略小于 50ETF，但这是在预期之中的，因为他不断追加投资。

（2）累计收益率紧密跟随 50ETF 的价格大幅波动，在 2006—2007 年大牛市时累计收益率上涨，最高接近 300%，但在 2008 年大熊市，全都获利回吐还给市场，2009 年市场大幅反弹，累计收益率也跟着反弹到 110%，但随后经历了 5 年的“慢熊”又全部还给市场，之后赶上 2014 年下半年至 2015

年上半年的牛市，累计收益率再次反弹到 100%，2015 年下半年股灾后又回吐近半。总的来讲，在投资全过程中除 2005 年刚开始定投时小亏几个月以外，之后并没有任何一个时点是亏损的，最差也是刚好保本的，但显然这并不算是令人愉快的经历。

（3）平均成本一直缓缓向上，但除了刚开始定投的几个月以外，一直低于 50ETF 市价，使得其绝大多数时间里并未亏损，和上面的观察吻合，这可能也是尽管整体投资经历不算愉快，但小伙伴仍然坚持 12 年的重要原因！而平均成本随时间发展趋于钝化，这也是意料之中的，因为“平均”的定义就是如此，新增投资对成本的影响会越来越小。但平均成本钝化并不说明定投不能摊薄成本，我们看到定投确实可以摊薄成本，平均成本一直低于收盘价均价（收盘价均价为从定投开始直到当时的均价），这反映了定投在高位买入更少份额而在低位买入更多份额的效果很好。

（4）尽管平均成本确实可以被定投摊薄，但定投收益率并不一定会比一次性买入更高，我们的小伙伴的投资经历充分说明了这一点。我们的小伙伴并没有获得市场平均收益（基金本身的收益才代表市场平均收益），而是显著低于市场平均收益，反映在投资者的业绩上，每年收益率低于基金本身 3.42%！（注：其实这里“平均收益”的说法有很多误区，但姑且先这样跟着基金公司的说法称呼，以后再详细剖析这个问题。）这一点和原帖分析有所不同，原帖认为小伙伴获得了市场的平均收益，只是无法获取超额收益，但这里分析显示超额收益是较大的负数。

此外，如果将定投再延续 5 个月，将 2017 年 8 月作为最后扣款期，则在 9 月 8 日时的业绩将大幅上升，我们的小伙伴的年化复合平均收益率将达到 8.82%，比算到 4 月时的年化复合平均收益率上升近 2%，相对上升幅度提高近 30%！同时投资者跑输基金本身的幅度也有所缩小，相对 5 个月前将少跑输近 1%/ 年。这和这几个月上证 50 指数的上涨是紧密联系的，但也说明了定投业绩受该段时间投资品种表现影响的高度敏感性，尽管已经定投 12 年多了，但若再坚持 5 个月，则上涨业绩将完全不一样，这位小伙伴也应该高兴多了。

50ETF定投测算（至2017/9/8）				
基金业绩		投资者业绩		定投年化IRR和基金差异
月算术平均收益率	1.32%	月IRR	0.71%	-2.56%
月复合平均收益率	0.90%	年化IRR	8.82%	
月波动率	9.16%	累计收益(元)	119218.36	
年化算术平均收益率	15.83%	累计收益率	78.95%	
年化复合平均收益率	11.38%	平均成本(元)	1.53	
年化波动率	31.73%			

高波动率信仰

关于定投的第一大误区就是"高波动率信仰"，如很多文章都表示，基金定投适合那些价格不稳定、波动率高的基金产品，可以利用波动率高的特性在低位买入更多、在高位买入更少，因此债券型基金不适合定投，股票型基金也要尽量选择波动率更高的如中小盘股票或者高波动率行业股票之类的基金，听起来风险高、波动率高反而是好事的样子，但这种说法真的正确吗？

定投零波动 50ETF

我们先来做个思维实验：假设我们的小伙伴在 12 年多投资 50ETF 的过程中并没有经历任何波动，也就是说价格是呈线性增长的，这样到 2017 年 4 月时期末价格和实际情况一样，业绩将如何？如图 19.2 所示。

50ETF线性增长定投测算				
基金业绩		投资者业绩		定投年化IRR和基金差异
月算术平均收益率	0.82%	月IRR	0.82%	0.00%
月复合平均收益率	0.82%	年化IRR	10.35%	
月波动率	0.00%	累计收益（元）	137239.24	
年化算术平均收益率	9.89%	累计收益率	94.00%	
年化复合平均收益率	10.35%	平均成本（元）	1.21	
年化波动率	0.00%			

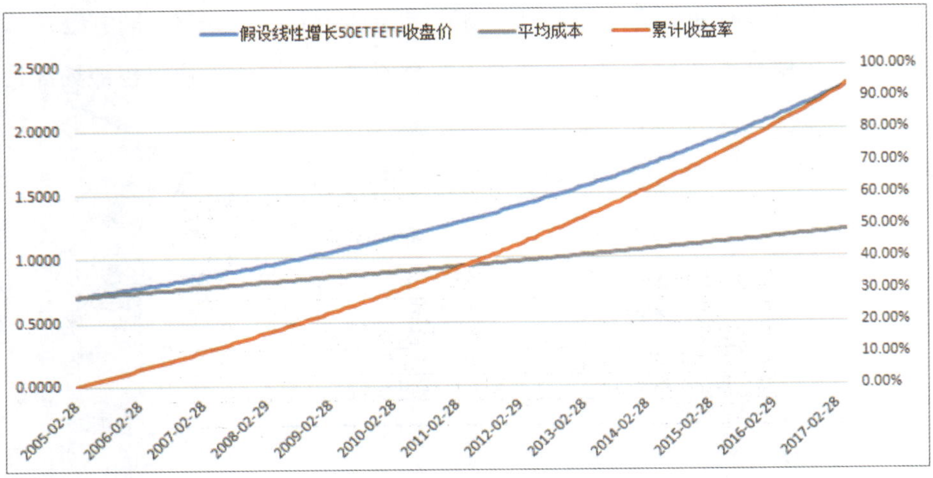

图 19.2　定投零波动 50ETF

没有波动就没有伤害！在理想的零波动世界中，我们小伙伴将稳稳地获得市场平均收益，投资者收益率和基金本身收益率完全一样，高达 10.35%/ 年。当然这是意料之中的，因为在零波动的世界中，再也不用担心在牛市高位买入太多却在之后陷入漫漫熊市——投资者最容易发生的踏错节奏的悲剧。尽管使用定投方式会比大多数投资者更有纪律性，不会在高位比平时进一步追加投资，但依然免不了按原定计划的金额持续买入。当然在零波动的世界中，投资者确实也没有机会在低位积累更多份额摊薄成本。所以我们可以得出结论，当收益率相同时，定投高波动率品种并不必然更好。注意我没有说定投高波动率必然更差，只是不必然更好。

定投债基

“你说的例子现实中不可能存在！”立即有人反驳。的确，零波动却高收益的品种这个世界上是没有的，如果存在的话一定是“麦道夫骗局”。风险与收益总是紧密联系的，这是最基本的经济法则。尽管上面这个例子足以说明定投高波动率品种并不必然更好（注意，这里再次强调，不是必然更差），但我们还是进一步分析定投低波动率低收益率品种及高波动率高收益率品种的情况。先来看看低波动率低收益率的债券型基金。债券基金（简称债基）我们以招商安泰债券 A 为例，这是一个纯债券基金，不参与股市也不打新股，并且成立较早，结果如图 19.3 所示。

招商安泰A定投测算				
基金业绩		投资者业绩		定投年化IRR和基金差异
月算术平均收益率	0.54%	月IRR	0.46%	-0.84%
月复合平均收益率	0.53%	年化IRR	5.71%	
月波动率	1.25%	累计收益（元）	63061.14	
年化算术平均收益率	6.46%	累计收益率	43.19%	
年化复合平均收益率	6.55%	平均成本（元）	1.58	
年化波动率	4.34%			

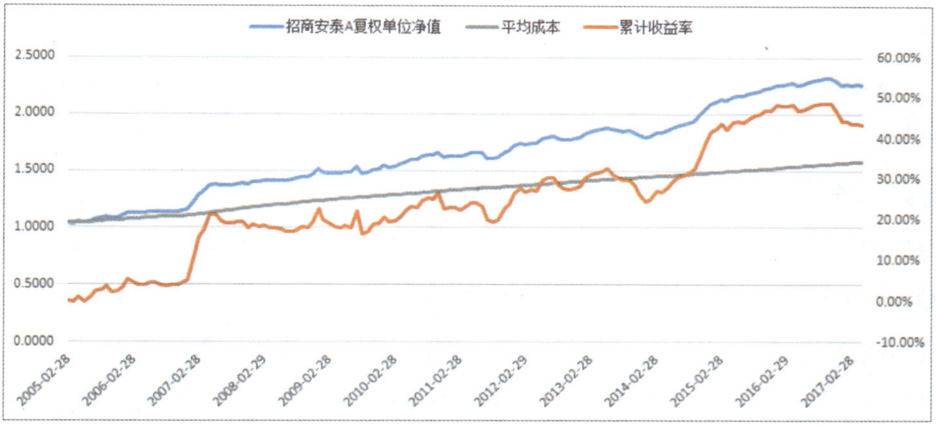

图 19.3 定投债基业绩

可以看到在债基定投 12 年多的例子中，我们的小伙伴获得了不错的业绩，年化复合平均收益率为 5.71%，虽然依然低于基金本身的年化复合平均收益率 6.55%，但只略低了 0.84%，比定投 50ETF 相差 3.42% 好很多，这主要是因为债基本身的较低波动率导致的，投资者就更少踏错节奏了。从绝对收益率水平来讲，比定投 50ETF 要略低 1.23%，但是从承担的风险来看，定投债基的风险要小得多，债基较平稳增长的曲线和 50ETF 曲线形成鲜明对比。50ETF 风险（用波动率衡量）是债基风险的 7 倍多，但年化复合平均收益率只有债基的 1.6 倍，投资者获得的收益率更是只有债基的 1.2 倍，收益和风险显然有点不成正比。公平地说，对于年化复合平均收益率而言，这是正常的事，股票风险调整后的收益一般要比债券收益低得多，股票相对债券有更高的风险，但并非多一份风险就能换得多一份收益，而是要多 *N* 份风险才能多一份收益。但在本次定投的例子中，因为投资者获得的收益率比年化复合平均收益率相差更少，从而显得股票的收益 / 风险比相对一次性买入更差！由此我们可以得到结论，低波动率品种如债基也适合定投，至少不必然比高波动率品种差。

50ETF和招商安泰A对比	
波动率倍数	7.4
复合收益率倍数	1.6
IRR倍数	1.2

定投波动增大 50ETF

“你拿债基和股基（股票基金，简称股基）比不合适，因为不是拿苹果和苹果比！”又有人反驳：“定投股票的话一定是高波动率品种更好！”好吧，通常高波动率代表更高风险，更有可能实现更高收益，但并不必然可以实现更高收益。我们假设可以实现更高收益，再次开启思维实验模式，在本次实验中，我们假设将 50ETF 的月波动率提高，无论月收益率是正还是负都绝对提高 4%，也就是说如果是正的，就加 4%，如果是负的，则减 4%，如果刚好是 0 则不变，在这种假设更高波动率的品种上看一下定投会怎样，结果如图 19.4 所示。

50ETF波动增大定投测算				
基金业绩		投资者业绩		定投年化IRR和基金差异
月算术平均收益率	1.67%	月IRR	0.46%	-5.45%
月复合平均收益率	0.88%	年化IRR	5.69%	
月波动率	12.51%	累计收益(元)	62740.00	
年化算术平均收益率	19.98%	累计收益率	42.97%	
年化复合平均收益率	11.13%	平均成本(元)	1.78	
年化波动率	43.33%			

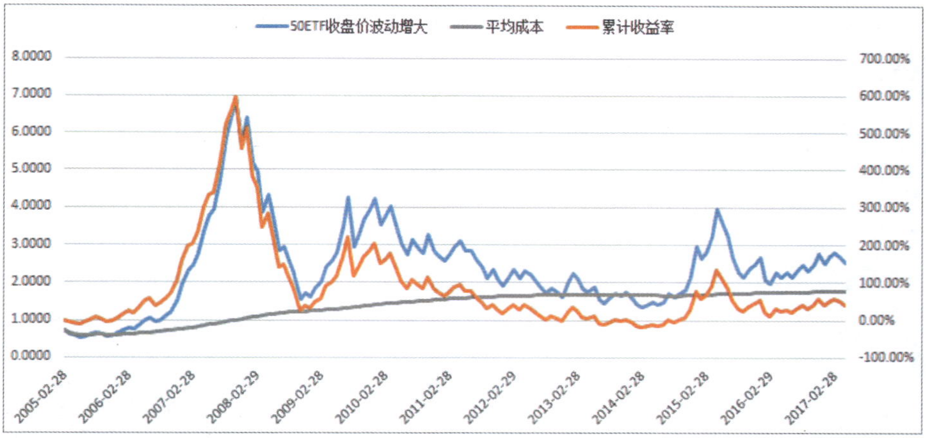

图 19.4　波动增大的 50ETF 定投结果

在本次的 50ETF 定投中波动率确实如意料之中那样提高了，体现在年化波动率从 32.2% 提高到 43.3%，同时年化算术平均收益率和年化复合收益率也都得到提升，年化算术平均收益率提高近 5%，这是因为定投期间上涨月份（80 个）比下跌月份（65 个）和平盘月份（1 个）多，因此同时双向提高波动率会提高年化算术平均收益率，而同时年化复合收益率也有所提高，但仅提升 0.8%，远小于年化算术平均收益率的提升幅度，这是因为波动率提高会降低年化复合收益率，但尽管如此确实以更高波动率实现了更高收益率，看上去还是个不错的高波动率品种。那么如果有一个水晶球告诉我们，在定投期间该品种一定能以更高波动率实现更高收益率（现实中当然并非如此，没人可以保证更高波动率品种在某段时间内一定实现更高收益率），是不是我们就应该欢天喜地地去定投它呢？如果你认为答案是肯定的，那么实际投资结果将是非常悲惨的，注意到波动率提高定投的年化复合收益率只有 5.69%，不仅略低于同时期的债基定投（5.71%/ 年），甚至和原来波动率更低、收益率更低的原版 50ETF 定投相比都要低 1.24%/ 年！由此我们可以再次得出结论，即便定投的高波动率品种在定投期间一定可以实现更高收益率，但定投高波动率品种也并不必然更好（但并不必然更差，再次强调）。

那么问题出在哪里？

第 20 章 定投深度解析（二）——波动增大版 50ETF 定投业绩揭秘

在上一章中我们已经回顾了 50ETF 定投 12 年的案例，并分析了常见的关于定投品种波动率问题，可以得到以下结论：

- 定投确实在一定程度上可以摊薄成本，这是关于定投的宣传中最重要的事实，当然还有一条——强制储蓄、积少成多也是事实。
- 但定投收益率并不必然会比一次性买入的收益率更高，相反，我们看到在测试期内长期定投的投资者收益率跑输基金本身收益率是很有可能发生的事，甚至略微跑输定投低波动率债基的投资者。
- 定投并不能够在长期投资过程中取高补低从而获取市场平均收益，无法达到稳定回报的效果，定投可“获取市场平均收益”“获取稳定回报”之类的宣传纯属神话。

- 定投收益率对终止日前的基金表现出高度敏感性，即便已定投 12 年，但若额外多定投几个月，且这几个月都是上涨的，那么结果就完全不同，这更说明单纯靠定投高波动率品种并无法稳定回报，定投并非解决高波动率问题的良药。
- 定投高波动率品种收益率并不必然更高，定投低波动率品种收益率也不必然更低，没有哪种必然更适合或不适合定投；如果你受不了太多高波动率品种过山车似的行情，那么千万别因听到“定投适合高波动率品种”的说法就去定投太多超过你实际承受水平的高波动率基金，因为那样你很有可能在市场低位实在受不了高波动率或因有实际资金需求而去割肉，这种事情发生的可能性高达 90%，因为这种情况司空见惯。还有 10% 不去割肉的可能性是因为到这时你已经亏得麻木了，早就彻底忘了还有定投这回事，甚至因长久不去查看定投情况，连账户、密码都忘了，当然在这种情况下你也仅仅是不卖 / 不赎回而已，并不会再坚持定投下去，从而错过最该以低价大量买入的机会。

当然，要评价某品种是否适合做定投，仅考虑其收益率还是不充分的，如果再考虑到其承担的风险，如在定投过程中累计收益率的波动幅度，以及在定投期间投资者收益率可能跑输基金本身的可能性及幅度，那么定投高波动率品种面临的障碍将更大。

注意：以下内容（楷体文字）将介绍关于“择时定投策略”的题外话，如果读者不感兴趣可以跳过去，本系列将不再出现此话题！

还有人认为高波动率品种有更多择时高位退出 / 低位吸入的机会，因此高波动率品种更好，这固然是不言自明的事，任何高波动率品种都有更多高位和低位，如果能准确把握高抛低吸的机会都会轻松成为亿万富翁，不管是不是定投。这和讲某些股性活跃的“妖股”波动率超高因此更适合操作是一个逻辑，但是把握这些活跃品种的难度更大，不但得准确把握高位，退出后还得准确把握低位再进，将高抛低吸反而做成高吸低抛的可能性很大，对正确择时的收益能否足以抵消错误择时造成的损失也构成严重挑战。虽然很多人说定投只有“进”没有“出”不是完整的投资策略，我同意，但要讲“出”就不能纯粹就“出”言“出”，因这样又涉及何时、以何种方式再“进”的问题，也就又涉及择时的问题，而择时成功与否实际上和是不是定投无关，在进行一次性投资时会遇到的择时问题同样适用于定投，比如当定投盈利翻倍后是否要退出（这是根据盈亏水平择时，其他还有根据估值、趋势择时等）的问题对于一次性投资也是同样的道理（当然还得考虑何时、以怎样的方式重进，不然“只出不进”也是不完整的策略）。

篇幅所限，这里暂时不讨论这些择时（或高大上的叫法“战术性资产配置”）的问题。为了避免混淆，我们这里定义“择时定投策略”为定投过程中涉及动态改变资产配置的定投策略，以区别于仅涉及固定新增现金流投入的普通定投，而不管是否涉及存量退出及再进：如果涉及存量退出再进，则相当于在现金（或其他资产如债券等）和基金代表资产间做转换进行择时，叫作“激进型择时定投策略”；而仅涉及新增现金流投入金额调整但不调整存量的则叫作“保守型择时定投策略”。

为什么不动存量还是在择时？因为如果现金投入需比原先少，则会多留现金，相当于在基金本身的资产配置和现金之间再做择时（当然如果投入需比原先多，则会考验投资者现金流到底是否能多增，这对于很多生活预算较固定的上班族来说是另一个棘手的问题！），只是这种择时的幅度较小，因此堪称保守。现在市面上流行的各种“智能定投”策略中有一些仅涉及调整新增现金流投入金额大小，较保守，而有一些则是涉及大量存量退出及再进的，较激进，但不管根据什么（盈亏、估值、趋势、宏观面，甚至你的“感觉”）进行或激进或保守的动态调整，都涉及或多或少的择时，评估这些策略到底怎样和其适用性远远超出本书范畴，因此在此不进行讨论分析。同样，根据我们的定义，在定投过程中因存量资产配置和目标发生偏移而调整回来的再平衡，并不属于择时定投策略，而属于维护战略性资产配置，比如战略性资产配置目标股债比是 50/50，定投了一段时间后因股市上涨变成 60/40，再将股票减持、买入债券回到 50/50（可能同时涉及用部分存量调整及用增量定投去调整），这就不算择时定投策略。在这里虽然不讨论关于定投战术性择时退出 / 重进的问题，但后续将讨论被投资者普遍忽视甚至无视、然而又至关重要的战略性退出问题，将定投策略的讨论做到有“进”亦有“出”，整合完整。

定投波动增大版 50ETF 探秘

回到上一章的问题，为什么在思维实验中提高 50ETF 波动率同时增加月盈亏幅度（±4%/ 月），基金在定投期中可获得更高收益率（+0.8%/ 年），但投资者的收益率反而更差了（-1.24%/ 年）呢？细心的读者已经留意到了，在我们提高波动率的时候那可真不是一般的“过山车”经历，普通版 50ETF 波动率已经够高了，而波动增大版 50ETF（可以近似看作高贝塔版 50ETF）更是疯狂，对比图如图 20.1 所示。

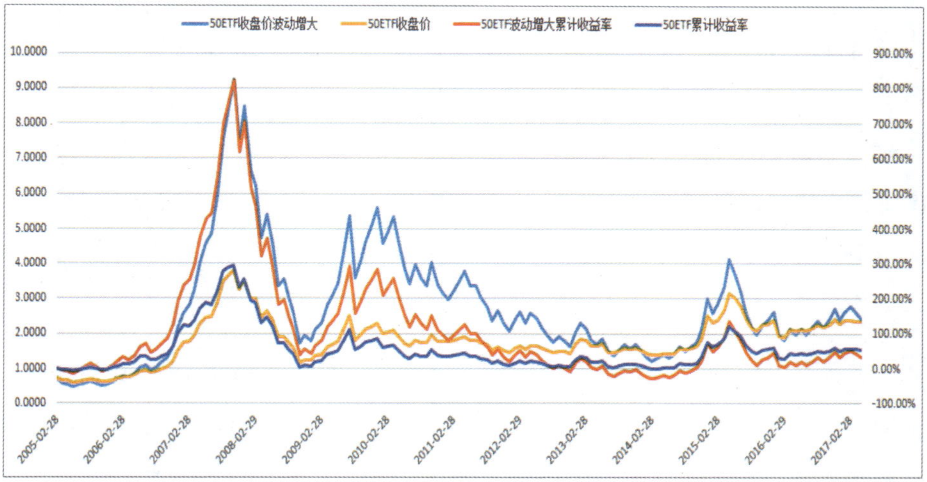

图 20.1 50ETF 和 50ETF 波动增大版

先看价格，注意普通版 50ETF 和波动增大版 50ETF 在 2005 年 2 月初始价格都是 0.7 元，在 2005 年短暂的熊市末期，普通版 50ETF 仅跌到 0.62 元，下跌近 10%，而波动增大版 50ETF 跌到 0.49 元，一下就下跌近 30%，而在随后 2006—2007 年的大牛市中，普通版 50ETF 最高涨到 3.78 元，翻 6 倍，而波动增大版 50ETF 则涨到 9.26 元，翻 19 倍！随后在 2008 年的崩盘中普通版 50ETF 大跌近 70% 到 1.16 元，而波动增大版 50ETF 大跌 80% 到 1.74 元，在崩盘后波动增大版 50ETF 价格还是远高于普通版。

此后 2009 年大反弹中普通版 50ETF 涨到 2.5 元，波动增大版 50ETF 更是上涨到 5.6 元，波动增大版 50ETF 价格是普通版的两倍多，优势明显，但在 2010—2014 上半年的“慢熊”中波动增大版 50ETF 此前累积的优势完全丧失，到 2014 年 2 月时已经跌到 1.23 元，低于普通版的 1.40 元，也就是说到这时经历了 9 年长跑波动增大版 50ETF 反而是输家，更高波动率并没有实现更高收益率，悲剧！ 2014 年下半年至 2015 年上半年的牛市再次拯救了波动增大版 50ETF，不出所料波动增大版 50ETF 又大幅跑赢普通版，到 2015 年 5 月时已达到 4 元多，而普通版只有 3 元。但好景不长，在随后几波股灾中波动增大版 50ETF 又完全回到原点，到 2016 年 6 月时再次低于普通版，到这时经历了 11 年多，波动增大版 50ETF 还是输家！直到 2016 年下半年和 2017 年的“漂亮 50 行情”再次启动，才使得波动增大版 50ETF 再次略微跑到了普通版前面，使得在整个 12 年定投期间波动增大版 50ETF“惨胜”，成了最终赢家！这个故事是不是挺熟悉？是的，有点类似于龟兔赛跑，只不过在这次龟兔赛跑中乌龟本是个也会睡觉的“忍者神龟”，而兔子更是个“疯兔”，要么不跑，要么一跑就吓死人，最终“疯兔”几度冲刺、几度休息后凭借最后 100 米冲刺超过“神龟”，赢了！

多么令人感动的结果！波动增大版“疯兔”最终还是赢了，但我们在“疯兔”上做定投的小伙伴的体验又是怎样的呢？不出所料，投资者累计收益率紧随基金价格高低来回起伏，在 2007 年高点时波动增大版 50ETF 收益率为 800%，远胜普通版的 300%，到 2008 年年底时尽管经历大跌，尚保持在 39%，领先于普通版的 3%，在 2009 年高点，也是以 290% 领先于普通版的 110%。前面几年都很好，但随后 5 年“慢熊”彻底吞噬了优势，当 2014 年年初波动增大版价格落后于普通版之时，投资者累计收益率已经以 -30% 远远落后于普通版的 0.7%，在波动增大版 50ETF 上做定投的小伙伴可能觉得到这时因基金本身跑输，所以自己做定投也跑输是理所当然的，但这只是故事的一部分，因为在 2015 年高点时波动增大版 50ETF 价格又赶了上来，以 4 元大幅领先普通版的 3 元的价格，然而这时小伙伴的收益率仅和普通版勉强打平，随着之后股灾，崩盘后又再次落后于普通版，虽然凭借最后 100 米冲刺，波动增大版“疯兔”惨胜，然而小伙伴仍是最终输家。

我们的小伙伴这时更郁闷了：如果我买的“兔子”落后了，我也落后也就认了，比如像 2014 年年初时，但现在我买的“兔子”明明赢了，我怎么还是输了？其实并不奇怪，在投入资金相同的前提下成为输家只有一个原因——买入成本过高：因前面几年“疯兔”的超级表现，我们的小伙伴不断在中间以极高价持续买入，造成买入的份额要远远少于普通版，想想看在 2006—2010 年的大多数时间里买“疯兔”的价格是买“神龟”的 2~3 倍！在我们的案例中波动增大版累积份额最终只有 7.9 万份，大幅落后于普通版的 9.7 万份，这也就造成买入平均成本过高，也就是说虽然最终“疯兔”表现相对略好，但买的“兔子”数量相对“神龟”数量太少了，两项相抵，优势抵不过劣势，不幸成了输家，如图 20.2 所示。

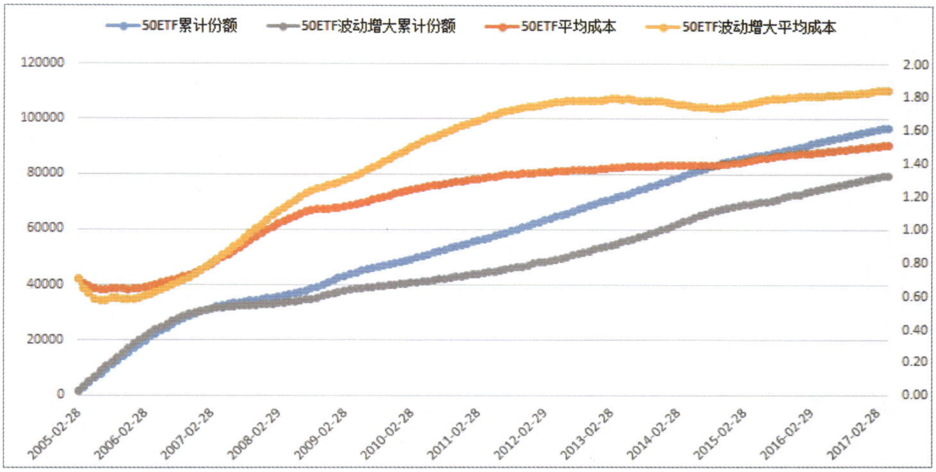

图 20.2　结果对比

因前面表现太好赢了而导致最终成为输家，这故事听起来是否有点熟悉？是的，这叫“赢者诅咒”！

“原来如此！但你怎么解释定投中证500指数代表的高波动率中小盘股表现要比定投上证50指数代表的大盘股好呢？地球人不是都知道做定投就该去定投中证500指数才是赢家吗？”

关于中证500指数定投的这个问题，且听下回分解。

第 21 章 定投深度解析（三）——“高富帅”也有黑暗一面：中证 500 指数风险分析

其实我原本只是想单纯讨论定投到底是怎么回事，有怎样的一些特性，关于定投常见的宣传和看法中有哪些重要误区，又遗漏了哪些关键分析要素，以及这些问题对于投资者的意义，而不是具体分析某个品种，如上证 50、沪深 300、中证 500 或其他各种各样的指数到底怎么样。因为当分析了关于定投的普遍原理后，不管什么样的指数或投资组合其实都适用，案例中使用了上证 50ETF 作为例子也仅仅是因为刚好这里有个现实的例子可供我们分析（现实中能够坚持 12 年多定投的人并不多），而不是特别就上证 50 指数进行定投分析。但是当我讨论到高波动率品种定投适合性问题的时候，发现中证500指数几乎一边倒地被许多投资者认定为适合定投的优质高波动率、高成长性品种代表，而且这个问题常常在基金公司有偏差的宣传下显得更为严重：

“中期来看，中证500一直具备较高的业绩增长率。从2015年第四季度起，中证500指数成份股净利润持续增长；2016年一季度以来，中证500指数成份股单季度利润同比增速平均高达34.96%。同时，中证500的PEG估值已经回落到1左右，整体安全边际明显。从长期来看，中证500作为A股市场中盘成长股的代表性指数，长期以来领跑全球各大主要指数。在过去12年中，中证500取得654%的涨幅，位居沪深300、上证50、上证综指等国内指数之首，并远超标普500、富时100、法国CAC40等国际主要指数。业内人士认为：‘通过长期配置具有成长性的权益类资产，获取经济增长带来的资产增值，正是指数投资的核心要义。’因此，无论从历史表现还是基本面来看，中证500最为契合指数基金投资的核心理念及要求，当前正值投资良机。”

完美！又是“高成长代表”又是“安全边际明显”，无论“历史表现”还是“基本面”都好得不得了，不但是全国冠军，而且几乎是世界冠军，这样的“高富帅”谁不想要？

再比如，有文章专门指出：高收益率、高波动率的特征使得中证500指数成为投资者定投的良好基准。

更有文章指出中证500指数极具投资价值，主要原因有：（1）中证500指数代表着A股的“中坚”力量；（2）中证500指数历史表现优秀，风险调整后收益率更佳；（3）中证500指数结构均衡有利于风险分散；（4）中证500指数结构均衡产生超额收益；（5）中证500指数估值已处于历史中低位水平。

再一次非常完美！中坚、优秀、佳、结构均衡、风险分散、超额收益、中低位……以我贫瘠的想象力简直无法想象还能给我们的“高富帅”再增加什么溢美之词。

等等，当什么东西看起来好得不能再好时，要认真分析，真的一点问题都没有吗？当然有，仍然是老问题，只要是来自华尔街的宣传，不管貌似有多动听，几乎不用看具体内容就可以知道遗漏了什么——风险！没错，对他们来说，收益、前景和价值是需要强调的，风险则是可以被忽略的，如果你到现在还没搞清套路，那么你就太天真了。本章将具体分析中证 500 指数的风险，对其优势、劣势两方面有更全面的介绍，这无论是对做定投还是对做单笔投资的投资者来说都同样重要。注意，我不是说中证 500 指数不适合投资或定投，而是说你至少要搞清自己投的到底是什么，价值与优势在哪里，劣势与缺陷又在哪里，再结合自身实际情况来综合决定是否要投，以及投多少。本章暂时分析中证 500 指数本身，以后再讨论关于其定投的话题。

被夸大的历史表现

我们先看历史表现：

20041231-20170831	沪深300全收益	中证500全收益	差异
月算术平均收益率	1.44%	1.83%	0.39%
月复合平均收益率	1.02%	1.30%	0.28%
月波动率	9.17%	10.25%	1.09%
年化算术平均收益率	17.25%	21.90%	4.65%
年化复合平均收益率	12.92%	16.75%	3.83%
年化波动率	31.75%	35.52%	3.77%
总收益率	365.92%	610.86%	244.94%
最大回撤	-70.47%	-69.13%	
下行%		83.61%	
上行%		89.01%	
相关性		0.86	

在 2004 年年底至 2017 年 8 月的全样本时期里，中证 500 指数呈现出高风险、高收益的特征，其年化波动率为 35.52%，比沪深 300 每年要高 3.83%，也就是说相对波动增大幅度达 12%，而其年化复合平均收益率的 16.75% 也要比沪深 300 每年高 3.77%，相对增强幅度达 30%，所以总体呈现出更高的收益风险比（风险调整后的收益）。

第一个问题：对比我们前面提到的文字内容，“历史表现优秀，风险调整收益率佳”的结论是一样的，但怎么收益率优势这里只有3.77%？差异达到每年2%，这是一个巨大的差异。是因为截止到2月导致的差异吗？我们再计算到2月的结果：

20041231-20170228	沪深300全收益	中证500全收益	差异
月算术平均收益率	1.41%	1.89%	0.48%
月复合平均收益率	0.98%	1.34%	0.37%
月波动率	9.34%	10.43%	1.08%
年化算术平均收益率	16.95%	22.68%	5.73%
年化复合平均收益率	12.36%	17.39%	5.03%
年化波动率	32.37%	36.12%	3.75%
总收益率	312.92%	603.21%	290.29%
最大回撤	-70.47%	-69.13%	1.35%

有所接近但仍有差异，收益率优势只有5.03%。前一次和这一次的结果相比，仅仅多了大盘股表现较强势的6个月，12年多的年化复合平均收益率差异就减少了1.26%，从中也可以看出中小盘股溢价的不稳定性。很奇怪，除了收益率差异之外，我们算出的总收益率也要高一些，会不会是之前算的只是价格指数，而非全收益指数？再算一下：

20041231-20170228	沪深300	中证500	差异
月算术平均收益率	1.29%	1.83%	0.54%
月复合平均收益率	0.85%	1.29%	0.43%
月波动率	9.35%	10.43%	1.08%
年化算术平均收益率	15.48%	21.96%	6.48%
年化复合平均收益率	10.72%	16.56%	5.84%
年化波动率	32.40%	36.12%	3.73%
总收益率	245.28100%	545.09700%	299.82%

这次几乎差不多了！当我们只算价格指数后，收益率优势变成5.84%，总收益率也几乎一样，差异只是由于之前算到2月24日，而这里算到2月28日造成的。

价格指数是不包含分红再投资的，分红除权后将任其滑落，仅反映股价表现，而全收益指数是要将分红再投资算进去代表投资者实际的投资表现，如果只算价格指数，我们就会看到中证500的优势非常大，但一旦算全收益指数，收益率就要减小约0.8%。由于沪深300代表的大盘股中成熟公司较多，分红较多，每年有1.64%，而中证500代表的（中）小盘股票中更多的处于成长期，分红较少，每年仅 0.83%，因此去掉分红会夸大（中）小盘股的表现而贬低大盘股的表现，这种拿“苹果和去皮苹果比”的误导伎俩是投资者需要高度注意的，我们几乎到处都可以看到这种错误的比较。

既然是风险分析，除了波动率以外，我们也需注意以下情况：

历次中证500回撤时沪深300表现

时期	中证500全收益	沪深300全收益
2004/12/31-2005/7/29	-26.21%	-11.15%
2007/9/28-2008/10/31	-69.13%	-69.90%
2010/11/30-2012/11/30	-44.11%	-29.47%
2015/5/29-2016/2/29	-46.13%	-39.78%

历次沪深300回撤时中证500表现

	沪深300全收益	中证500全收益
2004/12/31-2005/11/30	-15.47%	-16.00%
2007/10/31-2008/10/31	-70.47%	-65.51%

月收益率均值

	沪深300全收益	中证500全收益
沪深300下跌时	-6.80%	-6.70%
中证500下跌时	-6.11%	-7.66%

在中证 500 的 4 次重大回撤中，通常同期跌幅比沪深 300 都要更大，发生了 3 次，还有 1 次两者跌幅差不多；而在沪深 300 的两次重大回撤时中证 500 跌幅有的更大、有的更小，不过因为沪深 300 至本书写作时仍未超过 2007 年 10 月的高点，这里样本太少，很难下结论。在沪深 300 下跌的月份，其月收益率均值和中证 500 的月收益率差不多；而在中证 500 下跌的月份，其月收益率均值 -7.66% 比沪深 300 月收益率均值 -6.11% 要低 1.55%，意味着中证 500 下跌时有相对更大的跌幅。就最大回撤而言，两者差不多，都在 70% 左右，发生时期也都差不多，都是 2007 年 9 月、10 月起至 2008 年 10 月，中证 500 提早一个月开始下跌。总体而言，中证 500 更高的波动率和下行风险都是明显的。

探查高成长性

关于中证 500 指数，我们听到最多的一个词就是“高成长性”，然而其成长性到底如何高法，却从来没有确凿的长期数据，大多数文章在讲高成长性时，多用长期指数表现来证明，如之前引用的“在过去 12 年中，中证 500 取得 654% 的涨幅，位居沪深 300、上证 50、上证综指等国内指数之首”之类的说法，但问题是指数点位有高成长性就等于指数代表的公司有高成长性吗？显然未必，股价成长并不必然等于公司成长，股价成长如果脱离公司净利润成长，那就只是泡沫，迟早要破灭，比如现在中证 500 指数代表公司的净利润要高于 2015 年“股灾”前，但指数点位却已从那时的泡沫高位跌落近 34%，如果简单看点位，反而会出现现在指数成长性还不如 2015 年时的错觉，所以要分析其成长性，必须脱离指数点位，而直接分析其净利润，这是第一个问题。

第二个问题在于即使公司净利润确有高成长性，但是衡量公司真正成长性的并不是净利润，而是每股收益，如果一家公司增发 30% 股份才换来净利润增长 20%，则每股收益会不增反减，对于指数而言同样如此，所以尽管我们听到“从 2015 年第四季度起，中证 500 指数成份股净利润持续增长；自 2016 年一季度至今，中证 500 指数成份股单季度利润同比增速平均高达 34.96%”这样的话貌似能证明其高成长性（至少短期内），但指数的“每股收益”成长性到底如何仍是个谜。

为避免混淆，后面讨论指数“每股收益”时将用“每份收益”来表示，以区别于有些用指数中公司加总净利 / 指数中公司的加总股本得出的“每股收益”指标，我们用价格指数 /PE(TTM) 来反推指数各期的每份收益（TTM），这代表过去 4 个季度的每份收益，同时也和沪深 300 指数做个对比：

	2007年1月-2017年8月		
	每份收益月增长率		
	沪深300	中证500	差异
月算术平均	1.35%	1.79%	0.44%
月复合平均	1.19%	1.39%	0.20%
月波动率	6.06%	9.23%	3.16%
年化算术平均	16.16%	21.47%	5.31%
年化复合平均	15.27%	18.06%	2.79%
年化波动率	21.00%	31.96%	10.96%

从有数据（2007 年 1 月起至本书出版时）起最长的时间段里中证 500 指数代表的小盘股确实实现了比沪深 300 指数代表的大盘股更高的每份收益成长性，年化增长率要高出 2.8%，相对增幅达到 18%，然而中证 500 的盈利增长也有更高的波动率，其年化波动率比沪深 300 要高出 11%，相对增幅达到 52%，也就是说中证 500 盈利增长波动幅度是沪深 300 的 1.5 倍，所以其高成长性并非是免费的午餐，而是有更大的不确定性。如果你对 1.5 倍的波动率无感，那么不妨看看更直观的图，如图 21.1 所示。

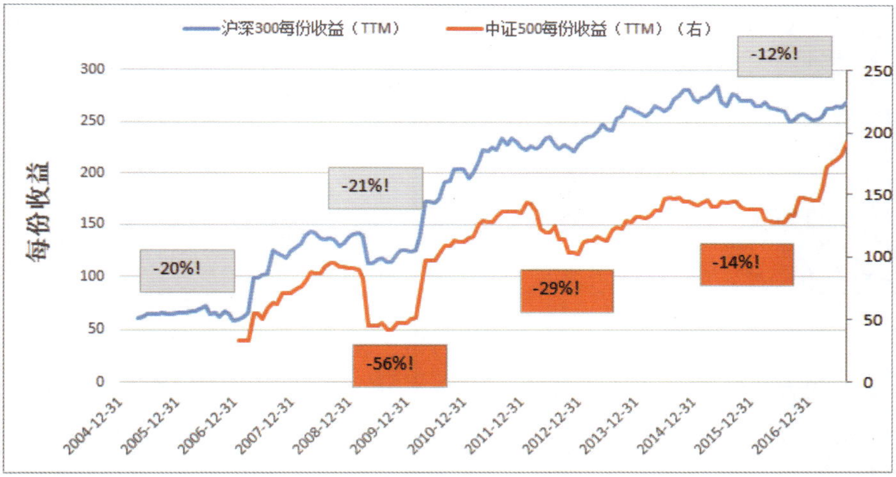

图 21.1　中证 500 与沪深 300 每份收益率对比

图 21.1 清晰地反映了中证 500 代表的中小盘股的内在盈利风险，如果任何中证 500 指数基金的宣传材料里都包含这张图，估计将吓跑 90% 的投资者。在 2007 年之后的三波经济增速下行时期里，中证 500 代表的中小盘股都表现出了比沪深 300 代表的大盘股更大的盈利回撤，受 2008 年全球金融危机的冲击，中证 500 每份收益下跌高达 56%，而沪深 300 只有 21%，中证 500 下跌幅度是沪深 300 的两倍多！ 2012 年中证 500 也曾出现 29% 的盈利回撤，而此时沪深 300 盈利几乎没有回撤；在 2014 年至 2016 年期间，中证 500 指数 14% 的盈利回撤也要略大于沪深 300 指数 12% 的回撤幅度，这一点特别讽刺，

因为即便在 2014 年下半年至 2015 上半年火爆的牛市中，每份收益也是略微下降的。在 2006 年沪深 300 还有一波 20% 的盈利回撤，由于没有找到关于中证 500 指数 2007 年以前的数据，因此对于这段时期的表现还可以参照巨潮大盘指数和巨潮小盘指数，如图 21.2 所示。

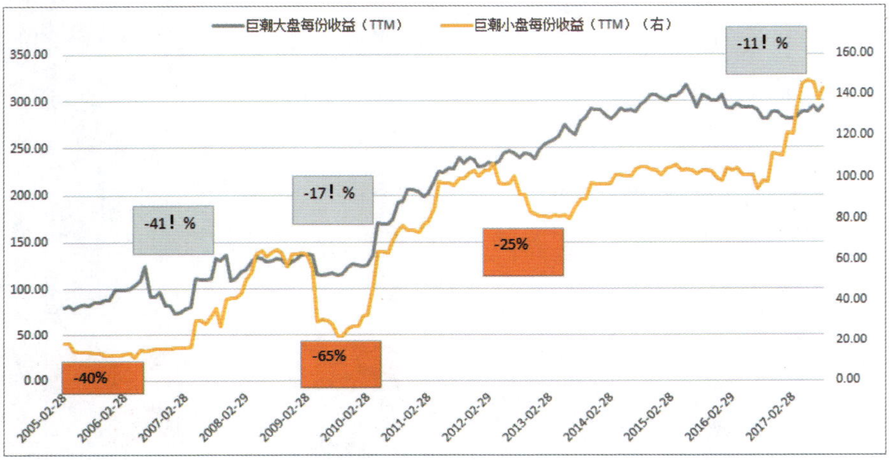

图 21.2　巨潮大盘指数和巨潮小盘指数对比

巨潮大盘代表 200 只大盘股，比沪深 300 规模略大，巨潮小盘则代表按总市值、自由流通市值及成交量综合排名在 501~1000 名的小盘股，相比中证 500 规模要更小。巨潮大小盘指数盈利在 2006 年分别下跌 41% 和 40%，2008—2009 年分别下跌 17% 和 65%，2012 年巨潮大盘没下跌，但巨潮小盘下跌 25%，总的来讲巨潮小盘和中证 500 一样，相对各自的大盘股指数盈利波动都更大，并且在经济环境不好的时期，相对各自大盘股指数，通常盈利回撤幅度要更大，回撤发生得往往也更早，巨潮小盘由于规模比中证 500 更小，受冲击程度往往也更大些。“均衡结构有利于风险分散”本来是对的，但即便小盘股组合（如中证 500 和巨潮小盘）仍有高基本面风险，莫因前十大权重股仅占不到 5% 而产生“安全”的错觉。

小盘股的盈利水平由于有极高的波动率，相对大盘股会更频繁、更大幅度地遭遇回撤，因此盈利增长对起始时点极为敏感，只要去掉 2017 年以来的盈利复苏，算到 2016 年年底，两者每股收益增长率就会非常接近：

	2007年1月-2016年12月		
	每份收益月增长率		
	沪深300	中证500	差异
月算术平均	1.39%	1.67%	0.28%
月复合平均	1.22%	1.25%	0.03%
月波动率	6.25%	9.47%	3.22%
年化算术平均	16.67%	20.04%	3.36%
年化复合平均	15.72%	16.12%	0.40%
年化波动率	21.66%	32.81%	11.15%

而如果算到 2016 年 6 月底中证 500 的盈利低谷，则甚至会出现历经 9 年半中证 500 指数每股收益增长还低于沪深 300 的情况！这或许是很多整天讲小盘股高成长性故事的人从未想过会出现的事，然而却并不令人意外，要知道在特别严峻的经济金融危机环境中，小盘股甚至由盈利变为亏损都是很正常的事，当然大盘股也有可能，但小盘股的可能性无疑会大得多，而在这种盈利低谷算成长率会无解：

	2007年1月-2016年6月		
	每份收益月增长率		
	沪深300	中证500	差异
月算术平均	1.49%	1.63%	0.14%
月复合平均	1.32%	1.19%	-0.12%
月波动率	6.39%	9.67%	3.28%
年化算术平均	17.85%	19.52%	1.67%
年化复合平均	16.97%	15.29%	-1.68%
年化波动率	22.13%	33.49%	11.36%

仅仅相差一年半载，得到的统计结果就会大相径庭，从成长优势明显到几乎没有优势再到有劣势，我们到底该以哪个为准？从常识出发，还是可以合理推断出小盘股具有更大的成长潜力。选择 2016 年的盈利低谷期进行比较，结果会有较大扭曲，公平起见，最好用创出新高的点进行比较，然而算到 2016 年 8 月，虽然中证 500 已创出新高，但沪深 300 仍低于 2015 年中等水平，可能导致沪深 300 成长性被低估，从而又夸大成长性优势，因此也许 2.8%/ 年的数据还是乐观了一点，仅看历史数据并没有确定答案。在国际比较方面则查到一份资料讲美国小盘股（罗素两千指数）1990—2014 年期间成

长率平均预期 12.0%VS 美国大盘股（罗素两百指数）10.2%，有 1.8%/ 年的成长优势，所以也许对 1.8% 和 2.8% 取个均值 2.3%，算是比较好的公平评价及对将来的合理预期。中证 500 每年 2.3% 的成长优势不错，然而其也具有更大的成长风险，也就是说其高成长性并不总是可以实现的，在不可避免的某些时刻你会发现其成长性优势消失得无影无踪。

总体而言，小盘股有更高的基本面风险，并且这种风险往往在经济不好时期表现出来，这并不是什么新闻，诺贝尔奖获得者尤金·法玛教授在 1992 年提出的 Fama-French 三因子定价模型中就已经指出这个问题，小盘股具有更高的预期收益，恰恰是由于其有更高的基本面风险。小公司在定价能力、盈利能力、融资能力、管理水平等方面都要弱于大公司，金融机构都喜欢给企业锦上添花而非雪中送炭。此外小公司招工也相对困难，在中国，小公司的风险可能会比国外公司更高，这些风险并不能被无视，由于小盘股的风险不能再被分散，因此市场需要有额外的风险溢价作为补偿。如果对小盘股溢价来源相信诸如宣传的“中证 500 指数传统与新兴行业并重的均衡结构产生超额收益”之类的话（在 Fama-French 三因子定价模型中行业并非因子），而非法玛教授讲的风险解释，那么当下次不利时期到来时，许多低估小盘股风险的投资者将会发现自己的“高富帅”突然变脸，到处都是这些公司的不利消息，伴随盈利大幅下滑指数往往也大跌，没有充分准备的投资者将难免加入恐慌性抛售的行列，做出高吸低抛的毁灭财富的行为。

稀释效应有几何？

我们已经考查了关于中证 500 长期成长性的证据，这比大家经常听到的关于中证 500 净利增长多少云云（通常是 20%，甚至 30% 以上）的话好像差了很多，这是怎么回事呢？

先看指数历年净利润，如图 21.3 所示。

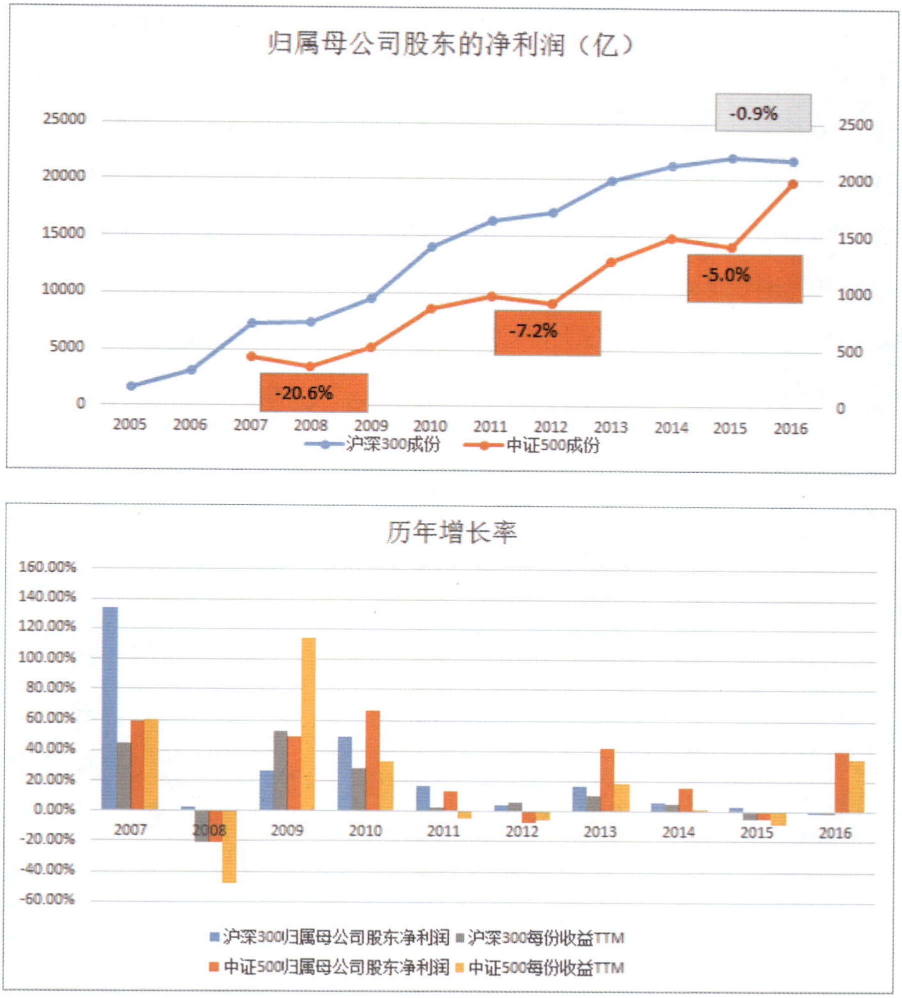

图 21.3　指数历年净利润

再看看历年指数成本股总股本扩张情况，如图 21.4 所示。

从有数据的 2007 年起至 2016 年，可能出乎很多人意料，如果只看净利润增速，其实沪深 300 和中证 500 几乎差不多，每年仅相差 0.4%，而且都非常高，分别高达 21.5% 和 21.9%，但是用每份收益 TTM 的 4 月同比数据估算的每份收益增长率就要低多了（这里取 4 月数据是因为 4 月底是年报规定披露日期，便于和年报数据做比较），沪深300和中证500分别只有10.3%和12.3%，每年分别被稀释11.2%和9.5%，沪深300的稀释率更高，导致每份收益增长率和中证500相差每年2%。这是全历史样本情况，但需注意沪深300股本扩张快于中证500发生在2007—2010年期间，当时伴随着许多巨型企业的上市。之后就每年都慢于中证500，所以早期沪深300稀释率较高，但之后稀释率较低，而中证500则正好相反。此外，我们还可观察到一个现象：指数净利润的回撤幅度相对于每份收益小得多，这也可能会造成很多人低估指数内在的盈利风险。

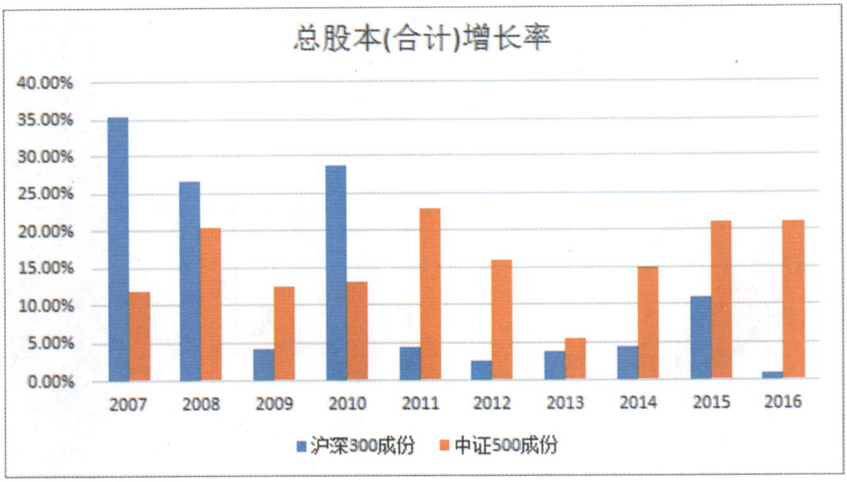

图21.4 历年指数成本股总股本扩张情况

在2010年以后，中证500的历年净利润增长率通常要高于沪深300，当然也伴随着更大的盈利波动和回撤，所以我们近几年屡屡听到“中证500净利润增速如何高”的说法，但同样重要的是其总股本增长率通常也要远高于沪深300，这就造成其每份收益的增长率相对沪深300的优势并不像其净利润增长率那么大，而是被股本扩张所稀释了。2010—2016年，中证500净利润增速高达每年21.2%，远超沪深300的12.7%，每年要多8.5%，但每份收益增速每年只有8.7%，虽仍领先于沪深300指数6.2%的增速，但每年仅多了 2.5%，这段时期里中证 500 的稀释率每年高达 12.5%，要远高于沪深 300 指数每年 6.5% 的稀释率，平均每年要多稀释 6%。

每份收益TTM历年增长率（4月同比）			归属母公司股东的净利润增长率	
	沪深300每份收益TTM	中证500每份收益TTM	沪深300	中证500
2006	45.48%		92.47%	
2007	45.10%	59.98%	133.91%	59.16%
2008	-20.90%	-47.90%	2.39%	-20.58%
2009	52.37%	113.74%	26.61%	48.88%
2010	28.80%	32.78%	48.90%	66.63%
2011	2.16%	-4.66%	16.79%	13.66%
2012	5.67%	-5.65%	4.07%	-7.18%
2013	10.85%	19.06%	16.81%	41.58%
2014	4.70%	1.76%	6.44%	15.88%
2015	-5.14%	-7.96%	3.48%	-5.02%
2016	-0.37%	34.71%	-0.85%	40.15%
2007-2016年复合增长率	10.31%	12.32%	21.48%	21.87%
2007-2016年稀释率	11.18%	9.54%		
2010-2016年复合增长率	6.21%	8.71%	12.70%	21.19%
2010-2016年稀释率	6.48%	12.48%		

这里有个技术问题，我们之所以不直接用指数净利润除以总股本得出“每股收益”，而是用指数除以市盈率 PE（TTM）的“每份收益”来考查是因为存在高送转，而高送转会扭曲指数的每股收益，比如某股 10 送 10 后股本翻倍，股价下跌一半，但指数中的股价却要复权到送股前，也就是说指数中的股价要复权而股本却不复权，这样导致直接用指数净利润除以总股本得出的“每股收益”将下降，而其实指数“每份收益”是不变的。高送转现象在中小盘股中特别普遍，股本扩张幅度也会显得更加夸张，因此这里的股本扩张的确存在被夸大的因素，但即便如此，中证 500 股本扩张的速度仍可见一斑，尤其是在 2010 年之后。

指数的股本扩张，无论是通过增发还是换入规模更大的成份股，使得净利润增长被更大的股本所摊薄，都会造成严重稀释，使得其实际每份收益增速远不如净利润增速看起来那么光鲜。

估值不像看起来那么低

前面对中证 500 指数基本面风险进行了分析，中证 500 指数估值“已处于历史中低位水平”“安全边际明显”之类的说法就值得打个问号了，因为盈利波动巨大的指数用 PE（TTM）或 PEG（用 PE（TTM）/ 近一年净利润增长率 G）来衡量估值水平缺陷明显。

首先市盈率 PE（TTM）衡量估值的前提是盈利 E 较为稳定，对于盈利天然不稳定的强周期公司或指数，当因盈利大幅下降导致 PE 飙升时并不必然代表估值上升，如果用其他估值指标如市净率 PB、市现率 PS 等反而有可能是下降的，使用这样的历史排位方法时，就会错将因盈利周期性下降而很高的某些历史 PE 当作高估值点从而低估当前排位。关于这个问题，我们看一下 PE（TTM）和 PE（TTM 剔除亏损）对比，表现得很明显，如图 21.5 所示。

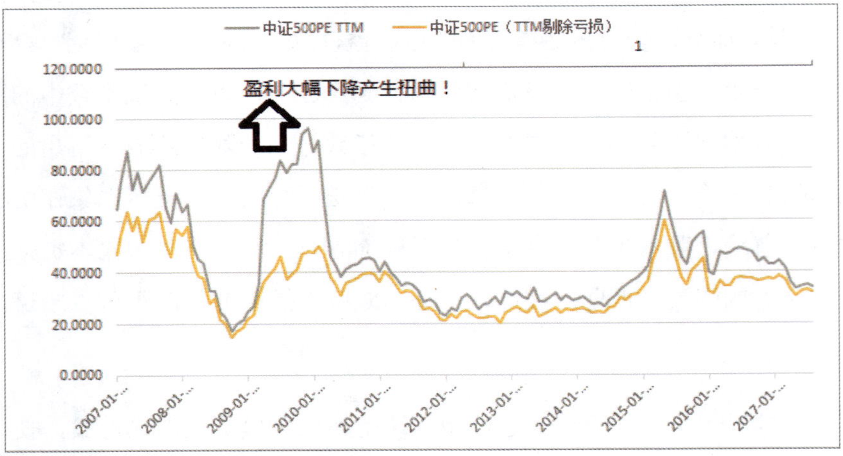

图 21.5　PE（TTM）和 PE（TTM 剔除亏损）对比

2009 年 PE（TTM）飙升了接近 100 倍，甚至比 2007 年最高时还高！但 2007 年中证 500 最高到约 5100 点，而 2009 年最高只有约 4500 点，4500 点估值怎么会比 5100 点还高？当剔除亏损后 PE 指标恢复正常，显示 2009 年估值是大幅上升的，但远没有到 2007 年高峰时的水平。再看 PB 指标，也可以观察到 PB 和剔除亏损后的 PE 走势一致，显示 PE 剔除亏损是个正确的指标，而不剔除亏损的 PE 则产生较大扭曲，特别是 2009 年每份收益下跌高达 56%，如此大的盈利下滑产生了极大扭曲，至于 2012 年后的两拨盈利下滑幅度较小，所以扭曲程度也较小，如图 21.6 所示。

图 21.6　PB 和剔除亏损后 PE

如果仅看 PE（TTM），从 2007 年 1 月至 2017 年 8 月，月百分位为 37%，但是剔除亏损 PE（TTM）百分位就为 43%，要高于 PE 百分位，PB 百分位在 40%，剔除亏损 PE 及 PB 百分位都要高于 PE。通过计算得出截止到 2017 年 2 月 24 日，近 10 年指数周 PE（TTM）百分位高达 71%。

PEG 指标同样有严重缺陷，因为其定义就是 PE 与盈利增长率 G 之比，PE 已经是容易扭曲的指标，再比上同样波动很大的短期盈利增长率，会产生双重扭曲，再加上 G 用的是净利润增长率而非每份收益增长率，又增加一层稀释效应的扭曲，在这样三重扭曲之下 PEG 的适用性将更受限。PEG 指标中三个参数扭曲最严重的是盈利增长率，如果取短期盈利增长率如近一年的参数，则几乎可以出现任何结果，比如 2007 年或 2010 年股市高峰时每份收益 TTM 增长率都超过 100%，那么即便当时 PE 再高，接近 100（剔除亏损

PE 接近 60），PEG 也低于 1，从而误得出当时“安全边际明显”的结论，而其后指数都出现暴跌接近一半甚至更多的情况。有意思的是从 2018 年 2 月到 8 月，尽管中证 500 指数点位几乎没有变，点数从 6451 到 6470，然而估值指标百分位变动却不小，按全历史月百分位排位的 PE（TTM）、PE（TTM）剔除亏损和 PB，分别从 2017 年 2 月时的 61%、69%、53% 变为 8 月时的 37%、40%、43%，一下子都从高于 50% 变成低于 50%，这也说明估值指标百分位本身并不能说明安全性或危险性，更不能作为择时的指标，只在极端的时候有一些预测能力，但也并非完美，毕竟在很低时也可能更低。

过去表现不代表将来表现

我们已经看到中证 500 从指数基准日 2004 年年末起至 2017 年 8 月底，每年跑赢沪深 300 平均达 3.8%，业绩了不起，然而投资者并不能投资过去，只能投资将来，那么未来 10 年、20 年还能有这么大的优势吗？

我们已经分析了指数的收益来源：从分红看，过去 10 多年中证 500 每年要比沪深 300 低 0.8%，而从盈利增长看每年平均收益率又要高 2%~2.8%（因数据期限不完全匹配造成不能精确分析），这样合计每年有 1.2%~2% 的溢价，但仍大大低于我们 3.8% 的实际溢价，剩下的 1.8%~2.6% 的溢价又是从哪里来的？

最大的一个可能性是来自估值上升，在 2004 年年底估计沪深 300 和中证 500 的 PB 都在 2 左右（因为没有准确的成份股名单，所以只是按照市值最大的 300 只及之后 500 只股票计算的，甚至中证 500 的 PB 还略低于沪深 300），这样相对 PB 比为 1，而现在沪深 300 的 PB 降低到了 1.6，而中证 500 却上升到了 2.8，造成相对 PB 比上升到了 1.7，沪深 300 的 PB 下降造成每年 1.6% 的损失，而中证 500 的 PB 上升则带来每年 2.8% 的收益，合计带来每年 4.4% 的收益差，这个数字比剩下的 1.8%~2.6% 要大，应该还存在其他一些因素影响收益差，如指数成份变动等，但我们无法具体分析。无论如何，相对估值上升应该是中证 500 在过去优异表现的主要推动力，其影响程度甚至超过了来自分红和盈利增长的基本面贡献。

那么，展望将来，我们还能指望相对估值继续上升来贡献超额收益吗？现在相对 PB 比已经是 1.7 了，如果未来再翻 1.7 倍，将上升到 2.9 倍，2015 年 7 万亿元融资配资盘恶炒小盘股时相对 PB 比曾短暂升高到 2.3，但随着“股灾”爆发就一直回调至今，估值并不能无限上升，理性投资者也不应指望靠估值上升来赚钱，如图 21.7 所示。

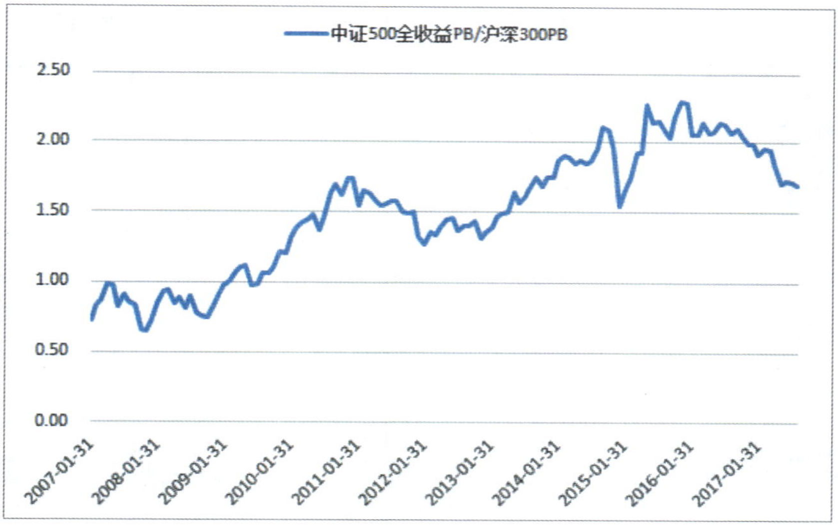

图 21.7　中证 500 全收益 PB/ 沪深 300PB

那么我们假设相对 PB 比不变，继续维持现在的水平，而现在沪深 300 股息率为 2.2%，中证 500 则为 0.8%，这样分红每年就要少 1.4%，如果盈利增长和过去一样，每年多 2%~2.8%，那么溢价就是 0.6%~1.4%，取均值刚好是 1%，这就算是我们的最佳估计值。当然，如果你更悲观地认为现在相对 PB 比 1.7 还是太高，需要回落到 1，那么如果通过 10 年回归，则每年将带来 5.2% 的逆风，通过 20 年回归，则带来每年 2.6% 的逆风，这样甚至将完全抹去每年1%左右的基本面溢价，导致跑输沪深300。当然你也可以更乐观，但估值向上空间明显不大，而且当前全球大多数区域小盘股PB都要低于或接近各自的大盘股，中国达到这么高实属例外，只有少数国家可以和中国比，这就可能给将来表现蒙上一层阴影。暂不考虑这些更差的情况，我们的基础假设还是估值不变，有每年1%的溢价，但同时也得做好基本面超预期的盈利增长优势不能实现或估值超预期下降的准备，无论如何，重复过去13年多的表现概率渺茫，理性投资者不应指望。

做好超长期大幅度相对跑输的准备

最后一点警告：尽管我们预期小盘股长期看仍有一定合理的溢价，但小盘股溢价并没有实现的期限之长往往远超一般人预料，从1926年7月初开始投资至今，投资在美国后30%市值小盘股的复合收益率平均每年比投资在前30%市值的大盘股要高2.2%，看上去只是区区2.2个百分点的数字，但累计91年将产生6倍差异！这个过程是极其痛苦的，如图21.8所示。

图21.8　美国Lo 30/Hi 30

看看小盘股历次相对大盘股跑输的期限：除了刚开始有一次只有1年多

以外，之后都是 7 年、6 年、20 年、9 年，而最近一次从 1983 年至今则已经持续 30 多年仍未结束！这些夸张的数字足以让你怀疑人生。除了跑输时间，再看看跑输幅度：历次相对最大回撤也是从 30% 至 70% 不等，比如 1983—1999 年小盘股翻了 3.7 倍，看上去不错，但同期大盘股翻了 13 倍，导致小盘股相对跑输 71.7%，近 16 年的相对表现大幅落后，让“等得花儿都谢了”的美国小盘股投资者看上去像傻瓜，甚至他们自己也觉得自己是傻瓜。但就在很多人终于向现实低头放弃小盘股转而去追捧大盘股后，随后 18 年大盘股却只翻了 2.7 倍，而同期小盘股翻了 7 倍！

历次小盘股跑输大盘股时期	相对最大回撤
192607-192801	-9.92%
192810-193511	-62.96%
193703-194304	-49.52%
194606-196601	-36.53%
196901-197808	-58.35%
198307-?	-71.70%

在我国 10 多年短暂的数据中，小盘股指数也曾长期落后于大盘股指数，如图 21.9 所示。

从 2004 年年末开始投资于中证 500，直到 2008 年年末都未跑赢沪深 300，而 2010 年年末至 2013 年年末又是 3 年的跑输，最近一次则从 2015 年 5 月起，至本书出版时仍未结束。如果考查序列更长的巨潮小盘指数，则会发现小盘股从 2002 年年末起一直到 2009 年年末才赶上大盘股，7 年的等待，其间相对跑输最大幅度达到 41%，就算是“真爱”，这时又还有多少粉丝？

承担了小盘股更高的风险却并未实现更高的收益，确实是非常令人痛苦的事，而更可怕的是遥遥无期的等待。有道是“最深的爱恋，却逃不过时间”！每个有意向投资小盘股的投资者都应充分客观评估自己到底有没有耐心去等待 7 年、10 年、20 年甚至 40 年来实现预期的小盘股溢价，实事求是最重要，能将自己确实能坚持的策略坚持到底，往往反而比使用理论上更优但实际却根本无法坚持的策略要好得多。如果你问我有多少人适合投资高风险、高波动率、时不时令人“高反胃”的小盘股，我的答案是很少，因为绝大多数机构投资者的耐心极限都不超过3年，往往3年还不奏效就去找下一个“圣杯”，而散户的耐心就更差了。虽然做资产配置有助于降低小盘股的相对业绩落后风险，然而绝大多数散户并非整体看待投资组合，而是将其中一个个品种分别进行比较，并根据自己的盈亏多少来贴上“好”或“坏”的标签，那就难免又要变“悲剧”了。

图 21.9　小盘股指数 VS 大盘股指数

小盘股长期落后的现象的确令人不快，但从某种意义上讲也是好事，因为这正是其风险的体现，从而使得溢价可持续。因为某种溢价如果是风险驱动的，才预期会持续；而如果只是单纯的定价错误，比如“传统与新兴行业并重的均衡结构产生超额收益”，则可能导致越来越多的套利资金进入，而随着套利资金不断进入，价格越来越高，预期收益也将降低，直到将其价格抬高到完全抹去溢价的水平。

所以对于小盘股投资者而言，应做好充分的心理准备，超长期大幅度相对跑输是非常正常的事，一辈子遇上几次并不稀奇，如果你不能接受这种事（这种时候往往还容易遭受身边同事、朋友的嘲笑，或许还有家人的埋怨），那么一开始就不要踏进小盘股的坑。

第 22 章 定投深度解析（四）：定投结果影响因素全解析

前面我们已经通过一个真实的 50ETF 定投案例分析了关于定投的一些常见认识误区（见定投深度解析（一）、（二）），现在我们进一步探讨，看看到底哪些因素才是影响定投结果的关键因素。

中证 500 指数基金定投模拟

先来看一个中证 500 指数定投的模拟案例，我们测试的时间段和之前 50ETF 定投案例一样，为 2005 年 2 月至 2017 年 4 月，共投资 146 期，每期定投 1000 元，2017 年 3 月最后一次扣款。由于市场上最早跟踪中证 500 指数的南方中证 500 基金也要自 2009 年 9 月以后才存在，因此我们用中证 500

全收益指数按扣除年费率 0.6%（每月 0.05%）来模拟假设的 500ETF 表现，并和之前测试过的 50ETF 进行比较，如图 22.1 所示。为方便比较，我们假设期初 500ETF 的净值和 50ETF 收盘价相同。

500ETF定投测算				
基金业绩		投资者业绩		定投年化IRR和基金差异
月算术平均收益率	1.79%	月IRR	1.00%	-3.44%
月复合平均收益率	1.25%	年化IRR	12.70%	
月波动率	10.38%	累计收益（元）	185045.5	
年化算术平均收益率	21.53%	累计收益率	126.74%	
年化复合平均收益率	16.14%	平均成本（元）	1.92	
年化波动率	35.96%			

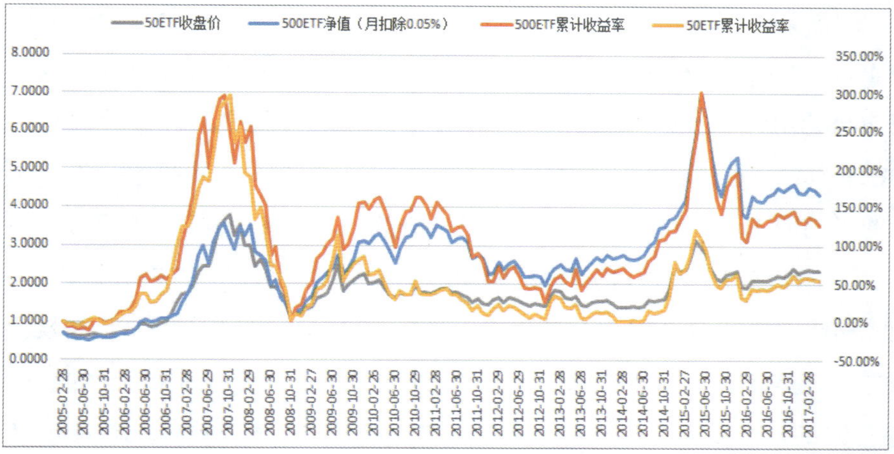

图 22.1　500ETF 与 50ETF 表现对比

鉴于中证 500 指数在测试期里的良好表现，我们假设的 500ETF 年化复合收益率每年高达 16.14%，要比之前测试的 50ETF（10.35%/ 年）同期高出每年 5.79%（50ETF 测试结果详见定投深度解析（一）），对于定投 500ETF 的投资者获得的业绩要远好于定投 50ETF 我们并不意外，投资者获得的年化收益率为 12.7%，高出定投 50ETF（6.94%/ 年）的小伙伴达每年 5.76%，同时累计收益率为 126.74%，也高出定投 50ETF（55.04%）达 71.7%。当然，中证 500 指数的过去良好表现并不简单代表将来的表现，按照假设的 500ETF

年化复合收益率 16.14%，投资者要承担更高的指数基本面的盈利风险及价格波动包括下行风险（详见定投深度解析（三）），并非免费午餐，在测试期中 500ETF35.96% 的年化波动率要高出 50ETF（32.21%/ 年）达 3.75%，并且定投 500ETF 会经历比 50ETF 更多更大幅度的市值回撤。

前五大市值回撤幅度比较		
	定投50ETF	定投500ETF
1	-64.48%	-65.54%
2	-36.35%	-44.96%
3	-6.78%	-35.96%
4	-3.08%	-21.18%
5		-14.98%

通过其他方面也可注意到投资者获得的收益率要比基金本身收益率低 3.44%，这个差距和 50ETF（3.42%）定投基本相同；从走势来看，500ETF 在 2008 年 10 月之前净值走势几乎和 50ETF 相同，而之后一直持续领先于 50ETF，这导致定投 500ETF 的平均成本为 1.92 元，要高于定投 50ETF 的 1.51 元的平均成本，也导致最终积累了更少的份额，最终份额以 7.6 万份落后于定投 50ETF 的 9.7 万份，相对落后幅度达 21.6%。但因每份 ETF 最终净值 4.36 元，相比 50ETF 的 2.34 元优势更大，高出 86.3%，所以从最终市值和累计收益看，还是定投 500ETF 的优势更大。从全程来看，定投 500ETF 的经历和定投 50ETF 类似，也是跌宕起伏的，累计收益率曾在 2007 年 10 月和 2015 年 5 月两度高达 300%，之后又经历大幅回落，并且除了 2005 年刚开始定投的几个月外，之后都没有出现过亏损。

仅回顾历史表现并不能得出任何结论，我们需要搞清驱动模拟的 500ETF 定投表现的因素到底是什么？是源于其在测试期内的更高波动率还是更高收益率？

为了回答这个问题，我们需要在思维实验中将波动率和收益率其中一个参数固定，调节另一个参数，来看看结果有何不同。

定投零波动 500ETF

在收益率不变的情况下降低波动率的最极端的情况就属理想的零波动线性增长了，我们在前面定投零波动 50ETF 的思维实验中已经做过类似测试，对于 500ETF 也是如此，波动率会显著影响定投结果，如图 22.2 所示。

500ETF线性增长定投测算				
基金业绩		投资者业绩		定投年化IRR和基金差异
月算术平均收益率	1.25%	月IRR	1.25%	0.00%
月复合平均收益率	1.25%	年化IRR	16.14%	
月波动率	0.00%	累计收益（元）	271529.34	
年化算术平均收益率	15.05%	累计收益率	185.98%	
年化复合平均收益率	16.14%	平均成本（元）	1.52	
年化波动率	0.00%			

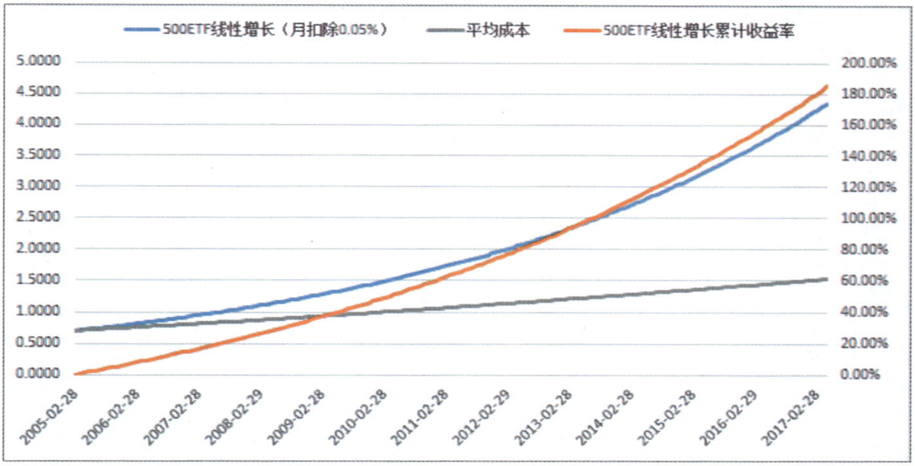

图 22.2　定投零波动 500ETF 的结果

和零波动 50ETF 的实验一样，依然是没有波动就没有伤害，零波动情形下投资者获得的收益率将和基金本身的收益率一样，年化复合平均收益率高达 16.14%，投资者累计收益率将稳步增加，没有任何回撤。在这次实验中，保持收益率不变的同时彻底消灭基金波动率将大幅改善投资结果，而原版 500ETF 的高波动率对定投结果不利。

定投降低收益版 500ETF

这次我们在思维实验中人为地消灭 500ETF 的收益优势，将其各月收益率都减去一个常数，直到其复合收益率和 50ETF 相同，这样波动率并不改变，但收益优势完全消失，最终净值和 50ETF 收盘价一样。经过测试，当各月收益率减去 0.428% 后，其复合收益率和 50ETF 完全一样，再看看定投结果，如图 22.3 所示。

500ETF收益降低定投测算				
基金业绩		投资者业绩		定投年化IRR和基金差异
月算术平均收益率	1.37%	月IRR	0.54%	-3.70%
月复合平均收益率	0.82%	年化IRR	6.65%	
月波动率	10.38%	累计收益（元）	76177.107	
年化算术平均收益率	16.40%	累计收益率	52.18%	
年化复合平均收益率	10.35%	平均成本（元）	1.54	
年化波动率	35.96%			

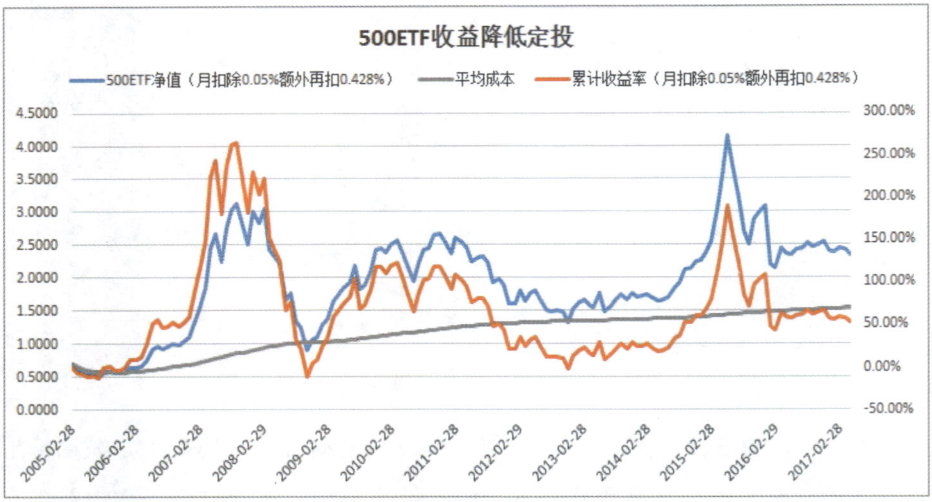

图 22.3　定投降低收益版 500ETF

在这个降低收益版的 500ETF 定投实验中，可能你会认为尽管因基金收益率降低定投收益率也会随之降低，但因波动率还是比 50ETF 更高，因此相对有更多低吸机会，所以最终收益率还是会更高。但结果并非如此，投资者获得年化收益率为 6.65%，累计收益率为 52.18%，业绩不但比定投原版 500ETF 差，甚至比定投 50ETF 更差。相对原版 500ETF，因基金更低的净值导致买入平均成本（1.54 元）相对更低，积累份额（9.5 万份）更多，但因最终净值的巨大差异（收益降低版 2.34 元 VS 原版 4.36 元）导致远远跑输原版；而相对 50ETF，因为最终净值一样，所以最终收益就完全取决于平均成本，而其平均成本又略高于定投 50ETF，导致积累份额也略少，从净值走势看降低收益版的 500ETF 在 2009 年 8 月之前和 50ETF 差不多，之后一直略高于 50ETF，直到 2017 年走势回落才和 50ETF 净值接轨，在大多数时间里净值略高是导致其平均成本略高的原因。从这次实验中可以看出，测试期内 500ETF 定投的收益优势主要来自更高收益率而非更高波动率，基金在定投期间本身的收益率会对定投结果产生重大影响，如图 22.4 所示。

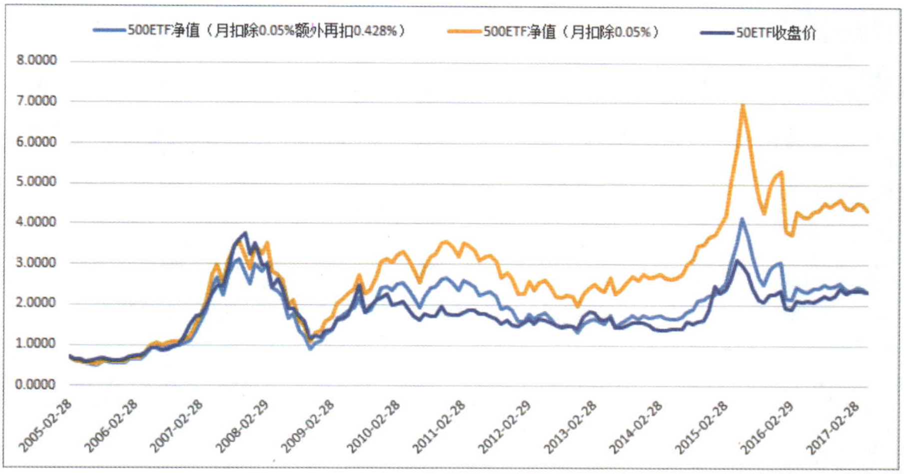

图 22.4 基金在定投期间本身的收益对定投结果的影响

“被诅咒者”赢

那么，是不是在基金收益率不变的情况下提高波动率一定会降低定投收益率呢？或者在基金波动率不变的情况下提高收益率一定也会提高定投收益率？

没那么简单，关心定投深度解析系列的热心读者一定也留意到了我反复强调基金波动率提高对于定投结果并非必然更好，但也并非必然更差；这个道理对于基金的收益也是一样的，收益提高并非必然更好，但也并非必然更差。

为了说明问题，我们再来做一个实验。

这次我们保持降低收益版500ETF的收益率和波动率都不变，但将各月收益率顺序前后对调变成反序，也就是说现在2005年2月的收益率是实际2017年4月的收益率，2005年3月的收益率是实际2017年3月的，而2017年4月的收益率则是实际2005年2月的，因为仅调换各月的收益率，所以在测试期间无论算术平均收益率、复合平均收益率还是波动率都不改变，这个收益降低反序版的500ETF依然是令人失望的“被诅咒者”，收益率和50ETF一样低，波动率却和500ETF一样高，集低收益率和高波动率双重缺陷于一身，可谓最差的投资品种。然而，如果现在是2005年2月，有个乌鸦突然飞来，用其乌鸦嘴精准预言未来12年这个“被诅咒者”的表现，包括收益率和波动率，同时也报告了将来50ETF及500ETF的表现，那么得到这个消息后投资者该怎么办？

大家闻之肯定都跑开，没人喜欢去定投这么一个“被诅咒者”。

其他人不是去定投500ETF就是50ETF，只有一个小伙伴去定投这个“被诅咒者”，外号小白。

一个人的名字也许会错，但是外号却一定不会错。

小白确实比较“小白”，他其实对投资什么也不懂，只是傻傻地想，大家都喜欢的热门投资品种自己手速慢抢不到，这个冷门品种没人要总能买到，于是就去定投它。

一转眼九年半过去，到了2014年9月，小白到投资论坛上发帖向大家汇报“定投被乌鸦诅咒者九年半，总收益率为 -32%！”，如图 22.5 所示。

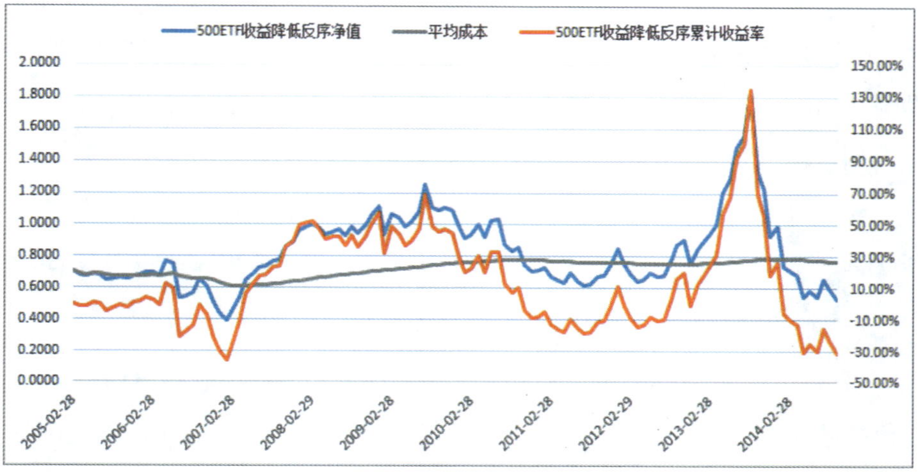

图 22.5　九年半以后的净值

“被诅咒者”的确令人极度失望，历经九年半净值反而从最初的 0.71 元降低到了 0.5275 元，小白因不断定投这个下跌的“被诅咒者”也亏损累累，事实上这九年半中的大多数时间里小白都在经历亏损，并且尽管现在是亏损金额最多的时刻，但还不是亏损幅度最严重的时刻，在 2007 年他还曾一度亏损过 36%，相比其他定投 500ETF 和 50ETF 的小伙伴们除刚开始定投前几个月有小幅亏损外，之后都未曾有亏损的经历，小白仿佛置身地狱。不仅大多数时间都在亏损，小白也从来没享受过其他定投 500ETF 和 50ETF 的小伙伴曾经历过的最高赚到 300% 的光荣时刻，就在两年前“被诅咒者”曾突然爆发一年工夫使得他曾一度赚到 130%，这已是历史最好表现了，但随着之后“被诅咒者”的突然崩盘，他又经历了从天堂到地狱的转折，刚燃起的一点希望再次破灭。

所有人都对小白无语，哀其不幸，怒其不争，只能默默地在回帖中留言：“兄弟，坚持！”。

小白确实很“小白”，尽管面对惨淡的人生和乌鸦无情的诅咒，但他仍然痴心不改，继续坚持定投这个“被诅咒者”。

一转眼又过了两年半，已是2017年4月，12年多的定投长跑结果终将揭晓，小伙伴们都在论坛上报告了自己的定投结果，定投500ETF的小伙伴喜笑颜开，获得12.70%的年化收益率、126.74%的总收益率——令人赞叹的业绩；而定投50ETF的小伙伴则略显郁闷，只获得6.94%的年化收益率、55.04%的总收益率，只能说是差强人意的业绩，考虑到毕竟承担相对更低的风险，好歹过得去。

那小白呢？事实上这时早已经没人关心他的投资业绩到底怎样，而是担心他的精神状态是否还正常，别承受不了定投“被诅咒者”的糟糕结果的严重打击。

突然，论坛上出现一个帖子“定投被乌鸦诅咒者近13年，年化收益率为15.5%、总收益率为173.8%！”。

所有人都目瞪口呆，瞬间石化。是不是小白已经不正常了，开始瞎编了？但大家都了解尽管小白比较“小白”，却从来不骗人，他的堪比投资大师的业绩是有真凭实据的！如图22.6所示。

小白获得了堪比大师的业绩，但他并没有任何技能，而且他投资的基金无论从哪个角度看都是最差的，但他获得的年化收益率反而要比“被诅咒者”本身要高出5.14%，那么是什么造就了他的业绩？没错！是那该死的运气！他投资的收益降低反序版500ETF因为反向的收益顺序，导致其前面9年基金净值一直非常低迷，在大多数时间里还大大低于初始净值，这使得小白可以充分享受低吸的福利，尽管基金不断下跌，但小白在定投过程中不断摊薄成本积累了大量份额，虽然直到两年前还一直亏损严重，但他在份额上的优势其实要远远领先于其他小伙伴，而且最后两年的表现他是和别人反过来的，也就是 2007 年、2006 年的大牛市翻 6 倍的经历，他到 2015 年、2016 年才经历，这使得他的市值突然暴涨，一下子“翻身农奴把歌唱”，尽管之后 2017 年又经历了 2005 年的一小段熊市使得市值又有所回落，但仍无碍于他成为最终赢家，获得堪比投资大师的业绩！

500ETF收益降低反序定投测算				
基金业绩		投资者业绩		定投年化IRR和基金差异
月算术平均收益率	1.37%	月IRR	1.21%	5.14%
月复合平均收益率	0.82%	年化IRR	15.49%	
月波动率	10.38%	累计收益（元）	253716.55	
年化算术平均收益率	16.40%	累计收益率	173.78%	
年化复合平均收益率	10.35%	平均成本（元）	0.85	
年化波动率	35.96%			

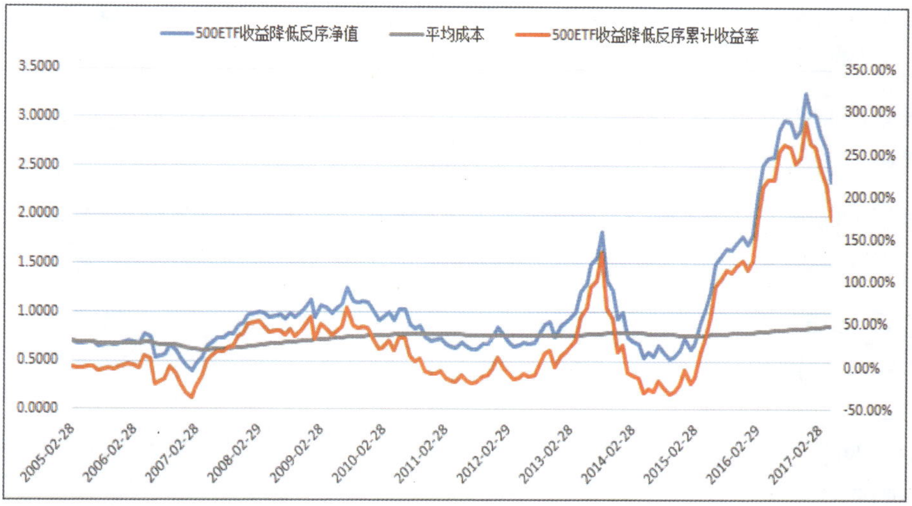

图 22.6　收益降低反序版 500ETF

综合来看，相比定投 500ETF 的小伙伴，小白尽管最终基金净值和 50ETF 一样只有 2.34 元，相对 500ETF 4.36 元的净值劣势明显只有一半略多一点，但他拥有的份额高达 17.1 万份，是定投 500ETF 小伙伴 7.6 万份的 2.25 倍，份额上的优势超过了净值上的劣势，所以最终总市值小白以 40 万元大幅领先于定投 500ETF 小伙伴的 33 万元！当然，除了运气，或者说波动顺序之外，还有一点也是小白成功的关键因素，那就是他机器人一般的铁石心肠，“不以物喜，不以己悲”，历经长期的不利仍能坚持。在现实中，绝大多数人不要说历经九年半亏损 32% 还能坚持定投下去，就是经历两年多亏损 30% 通常都放弃了，大多数人会因在底部实在受不了亏损而错误地割肉出局，还有一些人出于“亏损厌恶”的心理虽然不舍得割肉，但也不会继续定投，从而错过积累份额摊薄成本的最好机会，直到市场开始反弹超过其盈亏平衡点时才有可能再次进入甚至干脆赎回，像小白这样的人万中无一。

人人都喜欢赚快钱而讨厌亏钱，但在定投中却是先亏损才能赢利！

当然，其实波动顺序有无数种可能性，这里只是模拟了一种情况，如果我们人为变换顺序让小白在前期经历更糟糕的亏损，其最后优势还能更大，甚至超过理想的零波动 500ETF 情形，比如我们将 2005 年熊市那段保留在最前面，而让之后的收益率反序，当然这从另一方面也会对小白的人性进行更严峻的考验。反之，如果让他前期经历比普通收益降低版 500ETF 更舒服的涨幅，比如人为将 2014 年下半年至 2015 年上半年的牛市拼接到 2007 年的牛市后面，让“万点论”真的实现，则会使得小白获得的收益率比普通收益降低版 500ETF 更差，在某种程度上类似于之前定投波动增大版 50ETF 的情况，但情况会更恶劣。

如果说我们在定投深度解析（二）中分析定投波动增大版 50ETF 时的现象叫作“赢者诅咒”，那么定投这个收益降低反序版 500ETF 的现象则可以叫作“被诅咒者赢”，祸福相依，波动顺序很重要！

小结

影响定投收益结果的因素有：定投基金（包括投资组合）在定投期间的收益率、波动率、收益率序列的波动顺序。但是三者并非完全独立，波动率越高的品种越可能产生更高的收益率；而波动顺序严格地讲通常是针对某个特定收益率的序列而言的，不同收益率情况下讲波动顺序不是太严格，即便收益率相同，但收益率序列不同讲波动顺序也不是太严格；且当波动率变化改变收益率序列后，已经不能简单地讲波动顺序有没有变化了，因为已经是两个不同的收益率序列，而波动率变化还涉及对称或不对称（净值上行可以是无限的，而下行最差也只是无限接近零）放大上行或下行的问题，从而导致更复杂的问题。但用不是很严格的说法，我们仍然用我们感觉的“波动顺序”，大致上：

- 当波动顺序和波动率不变时，基金（包括投资组合）收益越高，定投收益越高。
- 当收益率和波动率不变时，基金（包括投资组合）波动顺序越被诅咒（前低后高）事实上反而越有利，定投收益越高，但过程也会越痛苦。
- 当波动顺序和收益率不变时，情况不一定，当基金（包括投资组合）波动顺序越被诅咒时，波动率越高，定投收益越高；而当波动顺序越不被诅咒（前高后低）时，波动率越高，定投收益越低。
- 在大多数情况下，两个不同品种基金（包括投资组合）的收益率、波动率及波动顺序都不一样，造成定投收益结果是不一定的。

“哦！原来如此！然而，当真正经历类似小白这样的长期定投严重亏损经历后，并没有一个乌鸦可以告诉我们在此期间的收益率、算出最后两年会暴涨将我们保释出来，从而让我们有信心可以坚持下去……”

这的确是个非常现实又非常棘手的问题，关于这个问题，且听下回分解。

第 23 章 定投深度解析（五）——富爸爸是如何亏掉宝宝大学教育金的：收益序列风险的教训

我们在上一章中已经分析了影响基金定投收益结果的因素，包括基金在定投期间的收益、波动率，以及收益率序列的波动顺序。其中波动顺序是一个非常隐蔽但对结果影响力又非常大的因素，其导致的结果既可能使得表现非常差的基金在定投后却产生惊人的绩效，如前面模拟的小白上演惊天大逆转的案例，也可能使得表现挺不错的基金在定投后却产生非常糟糕的结果，这是其影响力之大的体现；而其隐蔽性又使得其往往被人们（不仅是个人投资者，这包括许多专业投资机构）忽略，造成不可估量的损失。下面看一个案例。

在某基金公司的定投宣传语“从穷爸爸到富爸爸，×× 基金定投，实现您梦想！”中，介绍了这样一个通过定投“富爸爸的钱生钱”方式来准备宝宝大学教育金的案例，如图 23.1 所示。

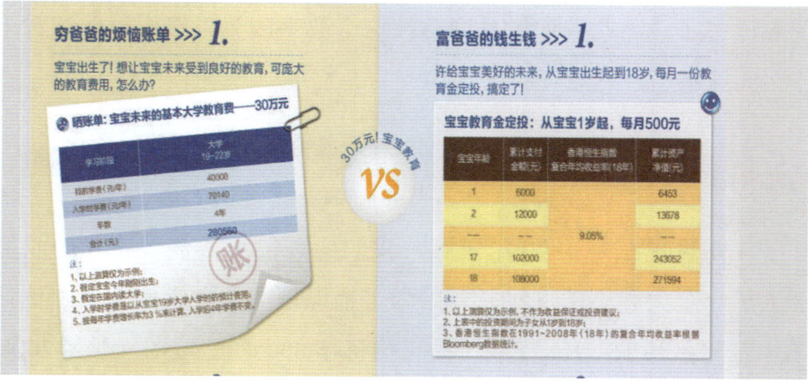

图 23.1　教育金案例

在该案例中，一位父亲需要为刚出生的宝宝准备每年 4 万元的大学学费，4 年总共需 16 万元，考虑到每年学费上涨 3% 的通胀因素，到孩子 19 岁上大学时共需准备 28 万元教育金（如果 18 岁上大学，则是 27 万元），基金公司通过测算每月只需定投 500 元，如果定投基金能实现年化 9.05% 的收益率，则 18 年后就可通过钱生钱的复利作用得到 27 万元资金，基本搞定大学教育金目标。这里有几个问题：第一个是基金公司在测算定投结果时从测算表格上看用的是假设每年年初定投 6000 元而非每月月初定投 500 元，由于年初就有 6000 元投资，在一年中能对整个 6000 元产生 12 个月复利效果，而每月定投情况下则只有第一笔 500 元产生 12 个月的复利效果，后续月份定投资金的复利效果都要依次递减，只有 11 个月、10 个月、……、1 个月的复利，所以按年定投积累资金会超过按月定投，如果按月定投测算则只有 26 万元，比按年定投要少 1 万元，这对投资者准备资金有所影响，但不是关键，毕竟只差了 1 万元，投资者调节余地还比较大，这是第一个问题；第二个问题则是关于收益率测算依据的，9.05% 的年化收益率是从哪里来的？基金公司讲是依据恒生指数在1991—2008年间的18年表现计算得到的，考虑到截止到2008年年底时，恒生指数刚好处于全球金融危机爆发后熊市的低点，这样测算出的历史收益率将较低，所以尽管指数过去表现不代表将来，但至少看起来还是个比较保守的假设，这比取一个历史牛市高点作为截止日期测算出的高收益率要靠谱多了，因此我们暂且同意按这个数字测算。好了，一切看来似乎都没什么大问题了，然而真的如此吗？

恒生指数定投1991—2008年

好了，假设现在是1990年年底，我们的一位小伙伴，让我们叫他阿龙哥，刚生了一个大胖小子，然后开始为宝宝谋划准备大学教育金，他估计需要每年4万元总共16万元资金，如果按每年3%通胀测算，则到2008年时需要约27万元，但他面临的困境是不知道将来18年的恒生指数收益率是多少，因此不知道到底需要定投多少钱。就在阿龙哥犯愁之时，我们的老朋友乌鸦同志飞来了，用其乌鸦嘴精准预言将来18年间恒生指数将从1990年年底的3024点涨到2008年年底的14387点，折算年复合收益率刚好是9.05%，然后拍拍翅膀就飞走了，阿龙哥闻之大喜，立即打开计算器输入9.05%的年化收益率，折算成月复利为0.72%，一算，轻松！每月只需定投500元，18年后自己就是富爸爸，可以送宝宝上优质大学了！于是阿龙哥就每月开始在恒生指数上无脑定投500元，然后准备到2008年年底去坐拿26万元资金送宝宝上大学。当然实际上指数是不能直接投资的，投资者实际投资时需要承担基金的费用成本导致收益往往低于指数，如果是高成本的主动型基金，平均表现比指数要低每年2%，而另一方面，恒生指数是一个价格指数，不包含股息，考虑到股息因素每年收益率约还要增加2%~3%，但我们为说明问题暂且假设这些因素可以互相抵消，从而忽略这些因素。

一转眼18年过去，到了2008年年底，尽管这18年间市场经历数度大起大落，先是1997年亚洲金融危机，继而是21世纪初的互联网泡沫破灭，之后又是 2008 年发生的全球金融危机，但阿龙哥一直稳坐钓鱼台，持续无脑定投 500 元，从不去管账户情况，因为他想按照乌鸦精准的 9.05% 年化收益率预测，不管市场怎样他都能拿到 26 万元，但是当阿龙哥去查看投资账户报告时，顿时如遭晴天霹雳：

开始日期	1990-12-31,一	结束日期	2008-12-31,三		月定投	500			
恒生指数定投测算									
名义基金业绩		名义投资者业绩		定投名义年化IRR和基金差异	实际基金业绩		实际投资者业绩		定投年化IRR和基金差异
月算术平均收益率	1.03%	月IRR	0.32%	-5.11%	月算术平均收益率	0.80%	月IRR	0.22%	-3.42%
月复合平均收益率	0.72%	年化IRR	3.94%		月复合平均收益率	0.49%	年化IRR	2.68%	投资者市值/实际零波动情形市值
月波动率	7.86%	累计收益(元)	48223.25		月波动率	7.84%	累计收益(元)	21869.26	
年化算术平均收益率	12.37%	累计收益率	44.65%		年化算术平均收益率	9.59%	累计收益率	29.78%	
年化复合平均收益率	9.05%	平均成本(元)	9946.33		年化复合平均收益率	6.10%	平均成本(元)	6762.30	0.70
年化波动率	27.23%	累计投入(元)	108000.00	投资者市值/零波动情形市值	年化波动率	27.14%	累计投入(元)	73426.92	投资者市值/零波动情形市值
最大回撤	-55.70%	市值最大回撤	-54.42%		通胀率年化复合平均	2.78%			
最大回撤日期	2008-11-28,五	市值最大回撤日期	2008-11-28,五		实际零波动市值(元)	135323.13			
零波动市值(元)	261100.75	市值(元)	156223.25	0.60	名义零波动市值(元)	159271.46	市值(元)	95296.18	0.60

首先，看“名义基金业绩”栏，恒生指数的确在这 18 年实现了每年 9.05% 的复合收益率，按此收益率假设的零波动情形下市值将为 26 万元；再看“名义投资者业绩”栏，阿龙哥的市值仅有 15.6 万元，只完成目标的 6 折（见表中投资者市值 / 零波动情形市值），相差 10.4 万元，多么惊人的差距！其获得的年化收益率只有 3.94%，每年跑输指数达 5.11%（见表中定投名义年化 IRR 和基金差异），甚至还不如投资在低风险品种如债券、存单上！这是从名义值的角度看的。

再从实际值的角度看，即扣除通胀因素，按香港综合消费物价指数进行调整，将所有现在的数值都还原为按 1991 年年初的资金购买力，“实际基金业绩”栏显示这 18 年间的通胀率实际为 2.78%，比预期的 3% 略低，这样通胀调整后恒生指数的实际年化收益率为 6.10%；在名义零波动情形下将积累 15.9 万元资金，略低于 1991 年时 16 万元的目标，实际通胀率比预期略低但积累市值反而比目标略少是由于通胀波动导致的，这里注意名义零波动并非实际零波动，因为通胀率还在波动导致名义零波动情形下实际收益率也还是在波动的，从而导致名义零波动情形下实际收益率并非和指数实际收益率相同，这里名义零波动情形下的投资者实际年化收益率为7.63%（表格中未给出），要高于指数实际收益率；而如果在实际零波动情形下将积累13.5万元资金，对应实际收益率为6.10%，就和指数实际收益率相同。

“实际投资者业绩”栏显示阿龙哥积累的资金实际值只有约9.53万元，远低于16万元实际值的目标！只相当于名义零波动情形实际市值的6折，实际零波动情形实际市值的7折，对应实际年化收益率只有2.68%，要比指数本身相差3.42%！注意阿龙哥每月定投的500元是名义值，并不按通胀进行调整，所以按实际值算其累计投入资金只有7.34万元。相差10.4万元资金、相对短缺幅度达到40%对阿龙哥而言无疑是个巨大的打击，乌鸦兄弟如此可靠，其预言的收益率一向准确，而且这次也被证明是准确的，所以他压根没想到过会有这种事情发生，因此也从未预留其他资金作为以防万一的弥补，现在他不得不面对无法送已经年满18岁的孩子去理想学校的窘境，或许他只有将自己住房抵押办理消费贷款以应急，但这显然又会给他增加许多财务压力。

阿龙哥好半天才回过神来，理想（26万元）与现实（15.4万元）的巨大差异到底是怎么产生的？带着巨大的疑惑，他开始查看账户历史状况，而之前18年中他从未去关心过，只管无脑定投买入。

图23.2中有两条线，“零波动市值”代表根据乌鸦预言的9.05%年化收益率定投500元可产生的理想市值增长线，也可以称为目标增长线，而另一条“市值”则代表阿龙哥实际投资过程中账户市值的变化。图23.2中清晰显示，他的市值一直围绕理想的零波动目标值上下波动，在1997年亚洲金融危机前曾大幅高于目标值，但随着危机爆发又大幅低于目标值，随后账户市值开始走高，2000年互联网泡沫破灭前又曾大幅高于目标值，但随着泡沫破灭又大幅低于目标值，在2001—2006年间账户市值都持续落后于目标，但随后2007年的牛市使得其市值突然暴增，10月时最高曾达到过33万元，然而好

景不长，随着 2008 年全球金融危机爆发，恒生指数暴跌一半多，他的账户市值也随之一落千丈，被腰斩变成 15.6 万元。

图 23.2　账户市值曲线

看着账户市值曲线，阿龙哥不由仰天长叹道："唉！乌鸦兄弟尽管知道将来的指数收益率，但连它也不知道其收益率顺序，如果我早知道按这该死的收益率顺序最后一年暴跌一半多，我早该停止投资卖出的！而就算我不知道最后一年到底怎样，其实一年前我已经达到目标了，为何没有落袋为安？我实在是太傻了！我曾是个富爸爸，现在却变成了穷爸爸，如果上天再给我一次机会，我一定会落袋为安……"

收益序列风险的教训

是的，在股市这个"赌场"中如果你已经赌赢了，为何还继续赌下去？这就是收益序列风险的深刻教训。收益序列风险的存在使得尽管基金长期有一个得体的收益率，但如果出现顺序不对，尤其是在临近定投结束期末的几年出现大跌，由于这时候投资者市值恰恰是相对最高的时候，也是危险性最大的时候，那么大跌将不成比例地毁灭投资者的财富，使得投资者的理财目标面临无法弥补的伤害，因此当目标容易达成时，就完全没有必要继续承担风险，而应该逐渐将大部分资产转换为低风险资产，如债基、货基，在定投过程中随时间过去逐渐降低风险。定投要有“进”亦有“出”，不能无脑买入然后什么都不管，但“出”并非如许多人那样不断做人为的“择时战术性转换”，这种行为总体而言很难增加价值，难度很大，而需要做“战略性退出”，在目标接近时进行战略性退出，以防止可怕的收益序列风险“癌症”刚好在错误时刻爆发。

在论述定投的经典之作《价值平均策略》中，迈克尔·埃德尔森博士曾多次论述过这个道理，如该书52页中“如果投资者已经跑在目标之前，英明的选择是将部分资产转移到风险较小（但收益也较低）的投资工具上”“进行资产转换的原因应该非常清楚，投资于股票市场对于长期目标非常有益，但随着逐步接近最终目标时，投资者会越来越不希望全部的大学基金都集中在高风险的共同基金中。市场的不利波动可能在最后一分钟突然导致资金的大幅短缺。”，69页中“从某种意义上看，市场表现很差的风险对于越接近目标的投资者伤害越多，因为没有时间来恢复损失”，162页中“当接近目标时，将部分资金从风险资产中转出（转入货币市场基金）以降低风险是有意义的。逐步这样做更有意义，至少可在计划的最后两年中逐步‘降低风险’。”尽管在埃德尔森写书的年代（1993年）学术界和实践界还没有“收益序列风险”这个专门的称呼，但无疑埃德尔森非常清楚这种风险，予以反复警告并说明管理这种风险的重要性及方法，然而在国内，无论是个人投资者还是专业投资机构大多对其仍不了解，作为定投过程中最重要的一种风险需要得到更多关注，这也是我在定投深度解析系列（一）开篇所说目前市场上对定投认识中所缺失的“核心因素”。

第 24 章 美国 FOF 的发展简史

近期，FOF 在中国的发展异常迅速，俗话说“以史为鉴，可以知兴替”，借鉴一下美国 FOF 的发展史，或许我们可以更深刻地理解 FOF，其实它并非我们想象中的那样简单。

第一阶段：罗素模式的 FOF

在早些年间，谈 FOF 必谈罗素投资集团，如同谈价值投资必谈巴菲特一样，其实 FOF 第一阶段就是所谓的“罗素模式”。

（1）投资者投资需求不同（风险偏好不同），对于短期的资金更应该注重流动性，对于长期的资金更应该注重收益性。

（2）市场存在不同状态，例如单边上涨或者单边下跌以及震荡市场，不同时期市场偏好也不一样，例如有的时候偏好价值，有的时候偏好成长，等等。

（3）基金经理的特长不一样，有的适合长跑，有的适合短期冲刺；从另外一个维度说，有的擅长价值投资，有的擅长优选成长股，还有的擅长量化投资。

所谓罗素模式的核心逻辑，就是根据客户的具体需求，并判断当前的市场状态，选择最优的一组基金经理。这是不是有点像《三国群英传》？或许，这就是多数投资者或者 FOF 管理人所追求的理想状态。如同我们期望创造持续的优质 Alpha 一样，但是事实证明这也仅仅是一个理想或者梦想而已。

如同每个进入市场的投资者都坚信自己可以战胜市场一样，罗素模式的信徒也在前仆后继地追求着他们的理想，国内大多数搞 FOF 的还在重复这种罗素模式的故事……当然有人会反驳，认为“不是大多数基金历史业绩都跑赢沪深 300 了吗？”在过去几十年沪深货币并非一个优秀的指数。

沪深 300 是大盘价值股的代表，中证 500 是中小盘成长股的代表，如图 24.1 所示。

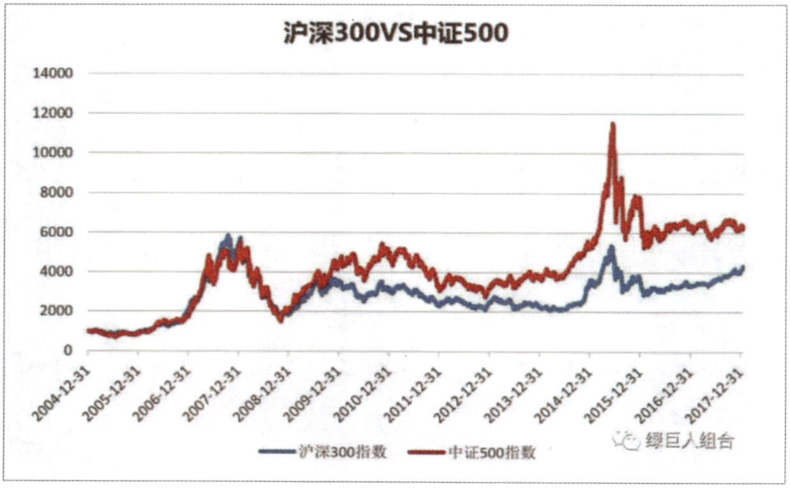

图 24.1　沪深 300 VS 中证 500

沪深 300 与中证 500 的基期都是 2005 年 12 月 31 日，从图 24.1 中两个指数的走势比较中我们可以看出，中证 500 基本是长期压制沪深 300，截止到 2018 年年初两个指数还相差将近 2000，换句话说，就是中证 500 累计收益高出沪深 300 高达 200%。

如表 24.1 所示，笔者统计两个指数的年度收益率数据，在 2005—2017 年的 13 年中，仅 2005、2006、2014、2017 这 4 个年份沪深 300 是跑赢中证 500 的，在其余年份均跑输中证 500，尤其在 2009 年与 2015 年，更是大幅跑输中证 500。

表 24.1 两个指数的年度收益率数据

年份	沪深300	中证500
2005	-7.65%	-13.99%
2006	121.02%	100.68%
2007	161.55%	186.63%
2008	-65.95%	-60.80%
2009	96.71%	131.27%
2010	-12.51%	10.07%
2011	-25.01%	-33.83%
2012	7.55%	0.28%
2013	-7.65%	16.89%
2014	51.66%	39.01%
2015	5.58%	43.12%
2016	-11.28%	-17.78%
2017	21.78%	-0.20%

第二阶段：平衡型基金

什么是平衡型基金？例如，以 60/40 基金为例，60% 的股票、40% 的债券，通常股票与债券都是指数基金，也有时是主动型基金。随着市场变化，其实股票与债券并不能始终保持 60/40 比例，采取的措施基本为定期再平衡。

平衡型基金不仅有 60/40，还有 80/20、70/30、50/50、40/60……按生命周期的资产配置理论，不同年龄不同风险偏好的投资者可以按自身情况选择具体产品进行投资，如图 24.2 所示。结果发现多数投资者都选择 60/40，而且401K基本签署一次，就一直定投下去。投资之后也没有随着自身年龄的增长进行资产再平衡……很多人临近退休还在购买60/40平衡型基金，按道理他们应该购买30/70或者20/80了。

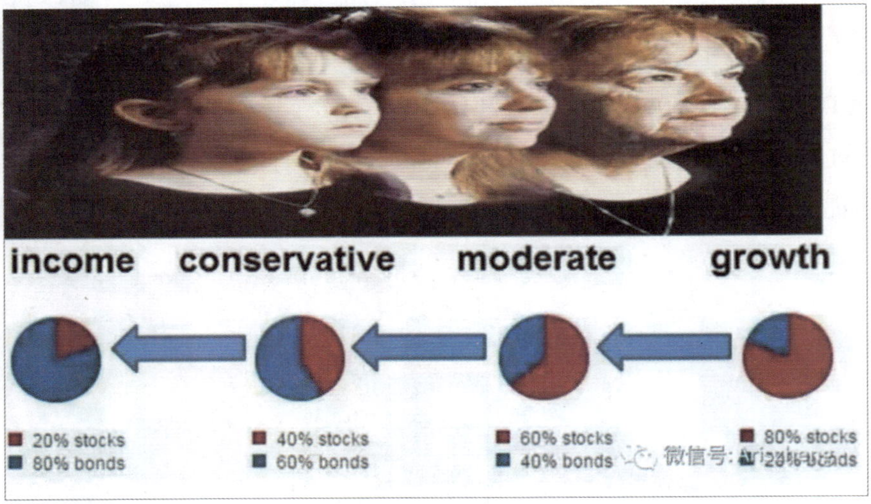

图24.2　生命周期理论

投资者为什么不进行投资组合调整呢？因为那需要花咨询费，还要填写很多表格，而且事实证明60/40的业绩还真不错……

第三阶段：目标日期基金

在美国，企业工会与基金公司联合举办了无数次投资者教育活动，宣传生命周期的资产配置理论，但是收效甚微。基金公司觉得很无奈，投资者也觉得很烦，最后给出一个简单要求：

——我不要学什么投资，请您给我一个解决方案。

——好的，请投目标日期基金吧。

如图24.3所示，目标日期基金（Target Date Funds），顾名思义，一般有个目标日期：基金的投资策略会根据距离该目标日期的时间进行调整。目标日期基金有时也被称为生命周期基金。第 1 只目标日期基金诞生于 1994 年，由富国银行和巴克莱共同推出，基金的名字叫 Life Path，至今该系列基金仍在运作。

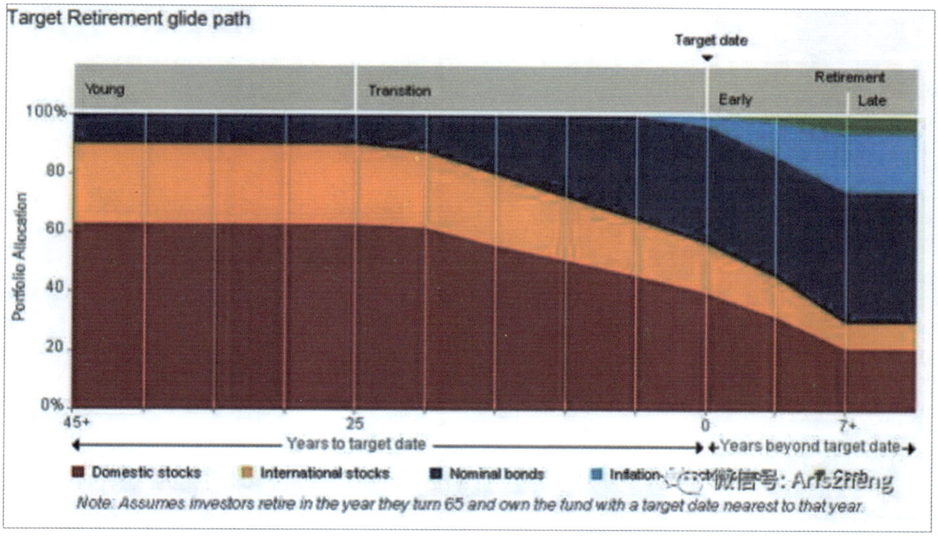

图 24.3　目标日期资产配置的滑行曲线

目标日期基金的最大优势是简化了基金投资者选基金的问题，如图 24.4 所示。选择基金就一步，算出什么时候退休。例如你 2035 年退休，选择 2035 Fund 定投即可。

这里需要强调一点，如果你问世界上规模最大的 FOF 是什么，非目标日期基金（TDF）莫属！截至 2015 年年底，目标日期基金的规模已经高达近 8000 亿美元，而且规模增长的速度一直没有降，更重要的是目标日期基金是一种多资产指数基金。这一点很重要，无论谁说美国 FOF 市场多么大，其实多资产指数基金规模都绝对占这个“多么大”80% 以上。

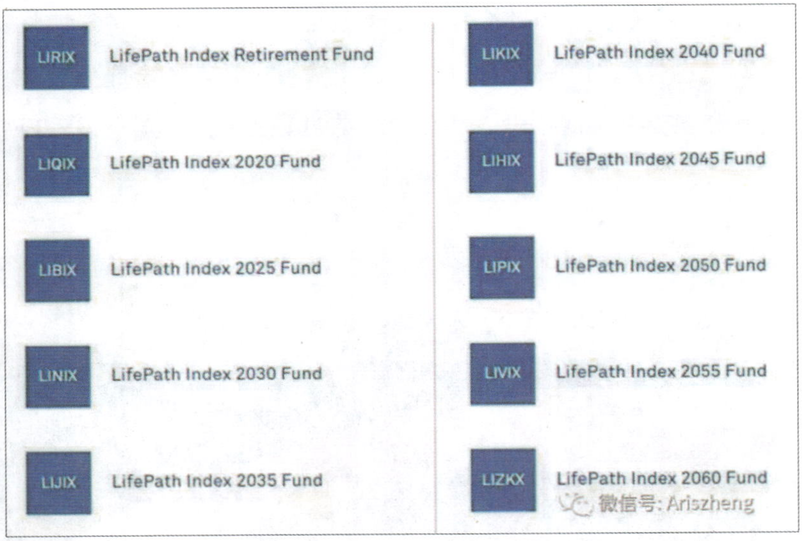

图 24.4　LifePath 目标日期产品线

第四阶段：智能投顾与基金组合

说起智能投顾之前，必须说明美国税收制度。大家都看过电影《肖申克的救赎》，主人公的特长就是帮助狱警申报税务。通过这个电影背景故事，你就能知道美国税收制度之严厉，以及投顾（税务筹划）的重要性。所以投资之前需要咨询投顾，万一哪个表格没填好，可就省了投顾费、多花律师费了。

美国人力成本高，所以投顾也价格不菲，通常需要百万元资产以上才有专属的投顾。为什么基金申购赎回也需要税务筹划？举一个例子，假定第一个月你赎回一只盈利 5 万元的基金，按 20% 交付 1 万元的税款，第二个月你赎回了一只亏损 2 万元的基金，当然税款不能为负，人家不会因为你亏损而退税，对吧？那么节约税务支出的方法，就是将盈利 5 万元与亏损 2 万元的基金同时赎回，这样净盈利才 3 万元，按 20% 交付 0.6 万元的税款，实际上节约了 0.4 万元。

智能投顾推出的主要目的是使用计算机算法帮助投资者进行税务筹划与

基金选择，虽然结果不如资深投顾精确，但是费用确实低很多。然而智能投顾到了国内，就不能宣传自己可以降低投顾费了，因为国内压根没有这个，所以只能宣传自己可以创造超额收益。

其实省下的就是赚到的，国外智能投顾推荐的基金通常也都是指数基金，不信可以去 Betterment 的网站看看，如图 24.5 所示。

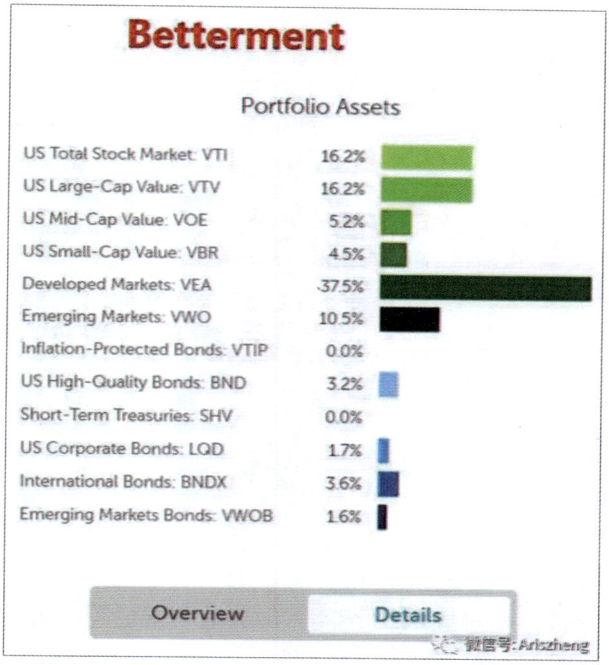

图 24.5 Bettement 给出的资产配置建议

最后，我们发现 FOF 发展的趋势其实也是极简主义，选择低成本的指数基金、使用成本较低的计算机进行税务筹划。其实大家都想创造超额收益，但是基本不可能全部创造超额收益，如果给这个“不能”加一个比例数字，我相信至少 80% 或者 90% 的罗素模式的 FOF 是没有什么价值的。

第 25 章
资产配置的生命周期理论与目标日期基金

生命周期消费理论由美国经济学家 F. 莫迪利安尼等提出，从收入与支出的角度为投资者一生的消费与投资给出了理论框架，如图 25.1 所示。

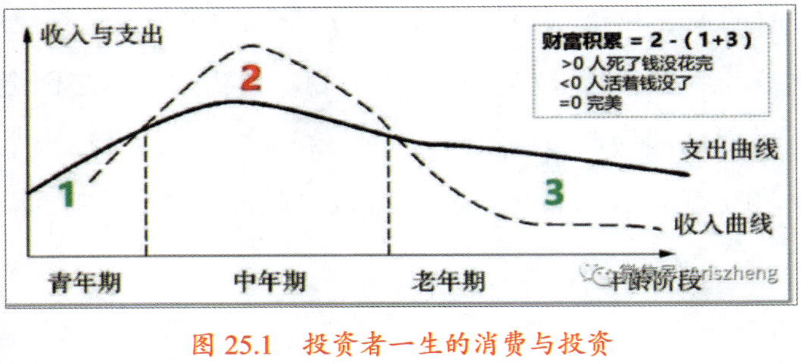

图 25.1　投资者一生的消费与投资

简而言之，资产配置的生命周期理论就是个人作为独立经济体的收入与支出问题，通常自出生到开始工作的这段时间称为青年期，基本没有收入，全是支出，或许刚刚开始工作的时候还需要父母补贴；接着第二个时期称为中年期，主要为我们收支平衡到收入大于支出的这个阶段，从 27 岁、28 岁左右到退休的时候（60 岁或者 65 岁），这也是我们财富累积的主要阶段，购置房产、投资基金、保险等理财产品，这些投资都是为我们提高生活水平与养老所准备的；当退休之后，个体的收入通常会急剧下滑，如果没有之前的投资积累，生活水平只能受制于养老金水平，例如中国目前的状况。如何保证老年期生活水平？唯有在中年期进行投资，以丰补歉、以盈补亏了。根据资产配置的生命周期理论，在中年期进行投资是非常重要的，但是投资什么、如何投资呢？

根据《资产配置手册》一书的作者统计，S&P500 指数 1900 年 1 月至 2013 年 12 月，累计回报为 6.5 万倍，年化复合收益率为 10.3%，如图 25.2 所示。

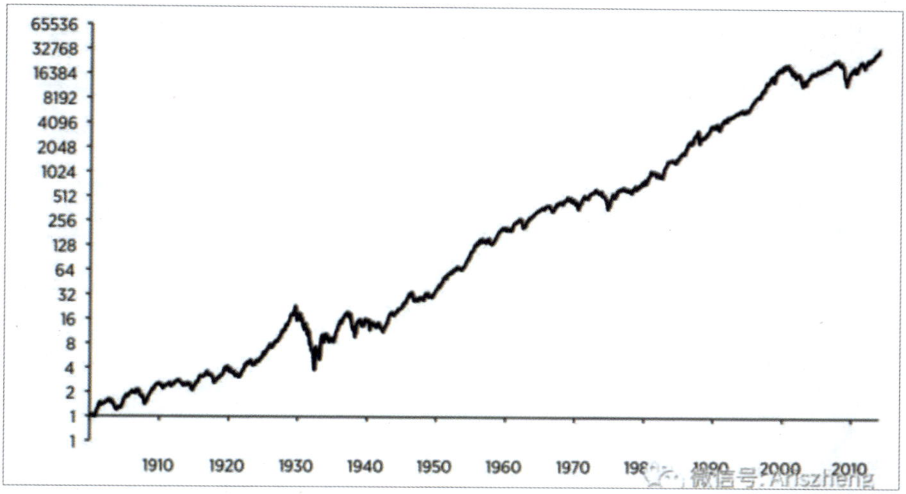

图 25.2　S&P500 指数 1900—2013 年走势

其实，在人类历史中股票收益是最高的，而且所有投资收益来源中股票收益占比最高。或许中国近十年历史中房产投资收益绝对超越股票投资收益，未来 20 年股票投资收益高还是房产收益高，这个争论的结果没有什么具体的意义。因为在美国，房租也是养老收入的主要来源，从配置的角度而言，两者都需要。但是另外一个问题就是，股票波动率高，以至于我们很难长期持有。并且在不同的年龄段所能承受的风险也是不同的，通常而言，年轻的时候我们可以承受更多的风险，因为我们可以从失败中吸取经验从头再来，但是一旦年龄大了，机会就不多了，主要是时间有限。由此，我们得出两个结论，股票的长期投资收益最高但短期波动率大，人在年轻的时候可以承受更高的投资风险。综合而言，年轻的时候应该更多地投资股权资产，而且是通过指数投资的方式。

普通投资者理解资产配置的生命周期理论之后，或许并没有深入理解，如果有一种简单的基金可以实现这个功能，则投资者不需要去研究购买什么股票、购买多少比例或者还要根据年龄进行定期再平衡，而是直接购买这种简单的“一站式”的基金即可。所以美国基金公司推出所谓的目标日期基金，或者称为生命周期基金。目标日期基金在诞生的十年之中，规模已经上涨至近万亿美元，而且增长速度并没有降低。

第 26 章 公募类 FOF 与基金组合账户的区别

笔者于 2016 年 5 月份起创设“**绿巨人**”基金组合账户，截至 2017 年 10 月 11 日，组合运行 503 天最新净值为 1.2618 元。跟投的朋友越来越多，同时收到大家关于基金组合账户相关问题也越来越多，尤其最近公募 FOF 比较火，所以大家都关心“公募类 FOF 与基金组合账户的区别是什么”。为此，本章从几个角度，通过对比的方式分析一下两者的区别（https://qieman.com/portfolios/ZH000193）。

绿巨人基金组合净值曲线如图 26.1 所示。

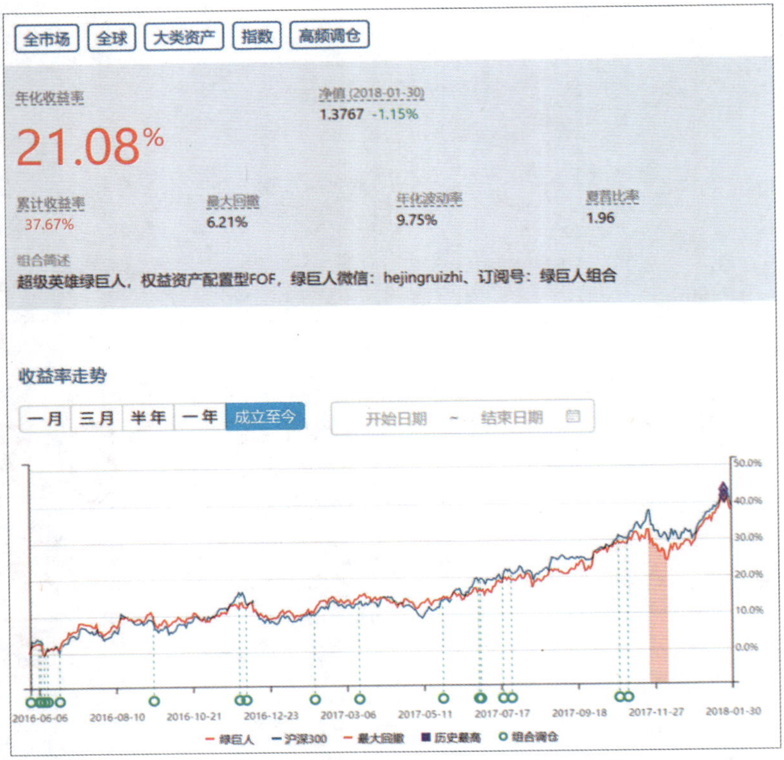

图 26.1　绿巨人基金组合净值曲线

1. 资金管理的角度

FOF 模式与基金组合账户模式比较如图 26.2 所示。

FOF：客户购买 FOF 份额，FOF 管理人汇集客户资金统一运作，客户申购赎回在 FOF 开放期进行，投资经理根据 FOF 契约与自身经验进行投资决策。

基金组合账户：不汇集客户资金进行统一管理，投资顾问或称为账户主理人创建基金组合（可以虚拟或真实的），客户根据**自己选定的基金组合**（例如，绿巨人）持仓品种与比例，在其自己的基金账户中进行跟投，由于 IT 技术的发展，跟投操作可以一键完成。

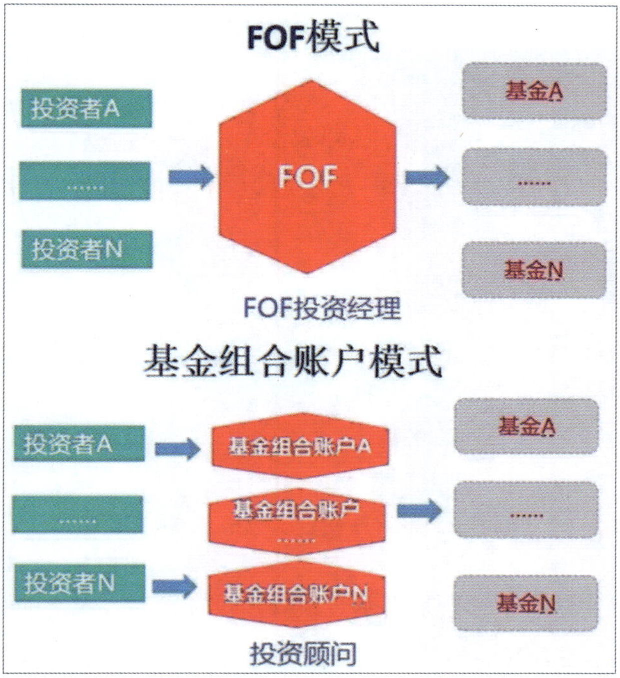

图 26.2　FOF 模式与基金组合账户模式比较

2. 组合持仓与调整的角度

FOF：如同公募基金持仓一样，FOF 的持仓并不透明，而且组合调整不会通知份额持有人，但是持有人可以按净值申购赎回。FOF 的持仓只有在季度报告中进行披露。

基金组合账户：基金组合（例如绿巨人）主理人，根据自己理念进行基金组合调整，基金销售平台或者网站将主理人调整信息通知跟投客户，客户是否进行调整，最终由客户决定。需要强调的是，基金组合的持仓与调整是完全透明的，如图 26.3 所示。

股票型	共占比 69.66%
● 华宝兴业香港中国中小盘(LOF) 501021	31.56%
● 易方达恒生ETF联接 110031	25.53%
● 华夏上证50AH优选指数（LOF） 501050	12.57%
债券型	共占比 8.95%
● 博时转债增强债券C 050119	8.95%
混合型	共占比 21.39%
● 汇添富消费行业混合 000083	11.58%
● 汇添富医疗服务混合 001417	9.81%

图 26.3　基金组合账户的持仓明细

3. 申购赎回与管理费等运行成本

FOF：估计申购与赎回同现有基金模式，投资管理人旗下的基金免管理费与托管费，但是还有其他隐性费用，例如信息披露费、审计费、分红转账费等各类费用估计也不低，通常股票型基金整体费用为（管理费＋托管费）的2~7倍，FOF的整体运作费用需要等未来FOF的年度报告来验证。

基金组合账户：除申购与赎回基金的费用外，无任何其他费用，未来账户主理人是否可以收点咨询费呢？估计实现之路还很漫长，证券投资顾问法还没出来呢！因为持仓与调整太透明，我买了一个广发中证500链接，就有人直接问：为何不买南方500呢？ 主理人需要比较一下两个基金的净值走势差别与跟踪误差才能说服客户……

4. 购买（申购）起点的比较

FOF：预计购买起点与传统基金一样约为10~1000元，目前的趋势是降低申购起点，有些新的基金的认购起点仅为1.00元。

基金组合账户：在跟投起点上，基金组合账户颇为尴尬，例如绿巨人基金组合中，汇添富与华夏的那三个产品的认购起点为 1000 元，汇添富医药行业混合起点为 1000 元，组合权重为 9.67%，导致组合的认购起点为 1000 元 /9.67%=10341 元，致使基金组合账户的认购起点高企。经过跟基金公司的沟通，两个基金公司都同意下调起点至 10~100 元（感谢两个基金公司），调整生效后（2017 年 2 月 23 日）绿巨人的申购起点可以下降至 2000，相信能给已经购买了绿巨人的部分用户的调仓带来一些便利，也更方便用户定投。

5. 规模与业绩问题

有人说 :“你这个绿巨人基金组合规模太小，所以业绩好！”

其实理论上如果持仓品种与比例一样，规模越大业绩越好，起码若规模大则申购费降低了（对于 500 万元以上的申购，1000 元 / 笔，相当于万分之二的申购费），现在买基金大多也就是 1 折申购费率约 1‰ ~1.5‰。但是 FOF 还有其他费用，FOF 业绩到底如何，还需要等真正的公募 FOF 出来与绿巨人 PK。

第 27 章 黄金与原油在资产配置中的价值

在构建 FOF 组合的过程中，或许大家都会遇到同样的问题，“在资产配置投资组合中，是否配置黄金资产、原油资产？ 配置比例为多少比较合适呢？” 关于这个问题，每个人都会有自己不同的观点，事先声明，本章观点仅代表笔者愚见，仅供参考。

黄金原油没有长期配置价值，唯有股权资产可以长期跑赢通胀。黄金、商品与股权相关性低，可以提高投资组合稳定性，但是会降低组合的长期收益。降低组合波动性的价值是可以让投资者长期持有，否则单纯持有股权资产很难长期坚持住。

如图 27.1 所示，在过去一百多年中，最成功的股票市场就是美国市场。

当然美国也是过去一百多年中最强大的国家之一。如果在 1940 年投资德国、日本的股票，那么投资者差不多都会 100% 亏损。

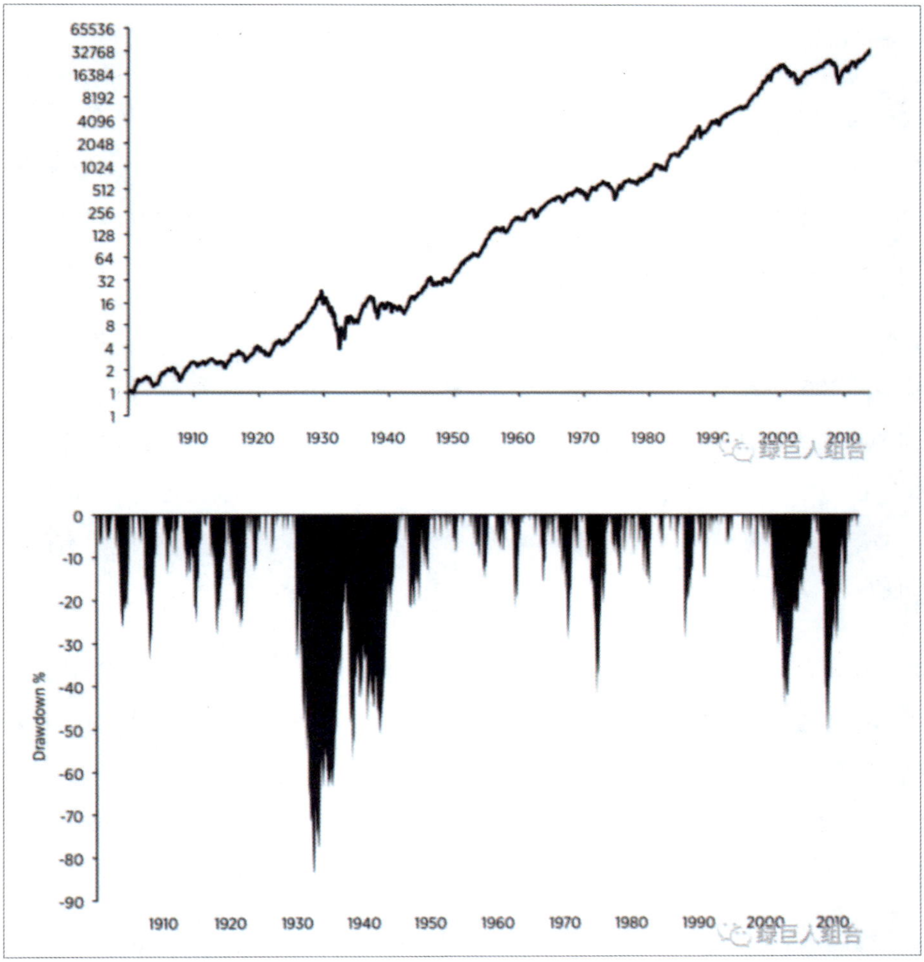

图 27.1　标普 500 指数走势与最大回撤（1900—2015 年）

巴菲特与格雷厄姆有哪些相同点？有哪些不同点？是什么原因造成的呢？

雪球大 V：巴菲特是 1930 年出生的。漂亮 50 的崩溃是在 20 世纪 70 年代的时候，巴菲特正好年富力强。加上 20 世纪 80 年代美股的低迷，给巴菲特很好的机会。漂亮 50 的崩溃和 20 世纪 80 年代美国的低估，也造就了另一位投资大师彼得·林奇。彼得·林奇在 1977 年左右才担任麦哲伦基金的基金经理，正好避开了漂亮 50 的崩溃，在股市低位开始了基金的运营。投资能力很重要，市场环境也很重要。

投资最大的敌人，同时也是最好的朋友，便是通货膨胀。自从人类发明纸币以来通货膨胀就与之相伴。在所有的大类资产配置中，例如股票、债券、黄金、原油、固定资产等，能跑赢通货膨胀的有股票和固定资产，股票相比固定资产又要强很多。

例如 1900—2015 年的美国证券市场，假设在 1900 年买了 1 美元价值的标普 500 指数（1900 年还没有标普 500 指数，用道琼斯指数代替），到了 2015 年则价值 4 万~5 万美元。投资股票收益如此巨大，但是这钱是好赚的吗？在 1929 年经济危机中股票市场跌幅超 80%，在之后的 1970 年、2000 年、2008 年各种危机中股票市场跌幅都超 40%。如果投资者心理承受能力有限或者加杠杆投资股票市场，都会被无情地踢出市场。

本章的主题是谈谈黄金与原油的资产配置价值，绿巨人组合在 2016 年 6 月份创建之初还持有黄金 ETF 与华宝油气，由于黄金与原油与股票市场的相关性为负，使得绿巨人的波动率降低到 7% 左右，并且夏普比例一度超越 2.00。根据笔者的风险偏好，总觉得收益不尽如人意，所以在后来剔除这两个投资标的。

例如两个投资组合，A 仅包含股票与债券、B 相对 A 增加（10%~15% 的）黄金资产，长期而言，A 的年化收益率为 10%，年化波动率为 10%，B 的年化收益率为 8.5%，年化波动率为 7.5%。作为投资者，你会选择 A 还是 B？这是一个值得深思的问题。从另外一个角度看，时间也可以有效地降低收益的波动率，虽然 A 与 B 的年化收益率差仅仅为 1.5%，但是随着日积月累，两者的最终收益率相差将越来越大……

纠结之后笔者顿悟：波动率降低的代价是降低收益率，而且添加黄金与原油投资组合的波动率是二次方降低的，收益率是一次方降低的，所以夏普比率显著提升。但绿巨人基金组合起初的主要投资人是笔者，笔者需求的是收益而不是以降低收益为代价的降低波动率，所以就剔除了这两类资产。反过来讲，如果笔者在管理别人的资产，那么一定要配置黄金与原油，如此投资组合不仅波动率低，而且夏普比率高，收益却差不了多少。

除上述理由外，降低投资组合风险的方式有两种，一种是分散投资，加入黄金与原油，另外一种就是长期投资，通过增加时间跨度降低投资组合波动率。再者就是绿巨人组合的奥义，全仓配置权益资产但是可以分散到不同市场，例如 A 股、港股、美股，降低组合波动率，还通过被动与主动相结合平滑收益。但是绿巨人基金组合还是以指数基金为主、以行业主动基金为辅的。

第 28 章 买老基金还是买新基金

估计很多资深老“基民”都想不明白：“为什么投资者与销售机构都喜欢买（卖）新基金？”的确，为何投资者喜欢买新基金呢？尤其是明星基金经理的新基金，买他的老基金不是更好吗？理由如下。

（1）新基金认购费都不打折，如果买老基金一般收取一折申购费，还有 0.1 折的呢。

（2）新基金都是给老基金“抬轿”的，以兴全合宜的某基金经理为例，他之前管理的两只基金重仓股基本一样，而且主动基金经理能有两套策略，那岂不是精神分裂？那还不如买他的老基金，等新发基金给“抬轿”呢。

（3）某 2 号都没有某 1 号业绩好，正因为某 1 号业绩好，才借势发行某

2 号的，如果某 1 号业绩不好，那么一定不会有某 2 号。并且某 2 号的规模比某 1 号大很多，大家都知道主动基金的业绩与规模是相斥关系，某 2 号的业绩通常比某 1 号差很多。

（3）牛市的时候买老基金比新基金强，所谓牛市就是市场快速上涨的时候，老基金通常仓位比较高，所以收益也比较高。如果买新基金，新基金通常需要六个月的建仓期，市场上涨的时候，新基金仓位不高，估计等新基金建仓完了，牛市也到头了……

（4）熊市的时候老基金比新基金跌得少，例如某 1 号与某 2 号通常持仓差不多，某 1 号规模为 20 亿份，某 2 号规模为 200 亿份，假设都持有 10% 的中国平安，某 1 号持有 2 亿份，某 2 号持有 20 亿份，你说让谁坚持？ 反正某 2 号是跑不了了，那就让某 1 号先跑吧，留个好业绩，说不定还能发某 3 号。

“为什么投资者（销售机构）都喜欢买（卖）新基金？”笔者下面再从投资者角度与销售机构角度分别谈谈。

（1）为什么（新）投资者喜欢买新基金？

在讲道理之前先讲个段子。笔者有一个同学跟笔者聊选择基金的逻辑。

他说：“现在有两只基金，基金 A 的净值为 1.00 元，基金 B 的净值为 2.00 元，假设有两万元钱可以买两万份基金 A 或者一万份基金 B，如果两个基金都涨 0.5 元，则买基金 A 可以赚一万元，买基金 B 才可以赚五千元，你说对不对？”

笔者顿时呆住，想了半天，回答说没错！ 但是两只基金都涨 0.5 元，相对于基金 A 是上涨 50%、基金 B 是上涨 25%，你说能一样吗？

大家都知道有一个绿巨人基金组合，2017 年收益率为 18.35%，波动率不到 10%，最大回撤 6%，估计我那个同学只能明白收益率是 18.35% 觉得还行，至于其他两个指标是什么意思就不知道了。而且总有人跟我说，绿巨人基金组合现在净值都快 1.400 元了，比较高了，要是 1.000 元我就跟投了……说到这里大家就明白为什么投资者，尤其是新投资者喜欢买新基金了吧？

（2）为什么销售机构喜欢卖新基金？

大家都知道销售基金有销售奖励。基金的销售费用为申购费 + 管理费的 50%，尤其是招商银行卖基金，通常认购费不打折，把这 1.2% 的认购费赚足，普通基金只有三个月封闭期，如果开放期一到投资者都赎回了，才能赚三个月管理费分成。如果这只基金是三年封闭式的，可以赚三年管理费分成，三年可是三个月的数倍吧……看到这里就明白为何客户经理那么热情了吧？

如果客户经理销售老基金，费了很多精力，申购费还打一折，并且如果客户买了不到一个月就赎回了，才能分到一个月管理费分成，这跟销售新基金尤其是封闭式的新基金的销售奖励差得太远。现在大家都明白为什么很多投资者喜欢买、销售机构都喜欢卖新基金了吧。

第 29 章 封闭式基金的历史与救赎

最近一年以东方红为代表的新封闭式基金，无论历史业绩还是发行规模都无比耀眼。当然这种模式不是谁都学得来的，从业者会思考“这种模式还能持续多久”，投资者会思考“这种基金业绩是否还会持续”。本章就系统性地谈谈封闭式基金的历史与救赎。

1. 封闭式基金的历史

什么是封闭式基金？开放式基金具有法定的可赎回性。投资者可以在首次发行结束一段时间（封闭期）后随时提出赎回申请。而封闭式基金在封闭期间不能赎回，挂牌上市的基金可以通过证券交易所进行转让交易，份额保持不变。

封闭式基金与开放式基金谁先出现？ 在中国证券市场，最早的公募基金是封闭式基金，1998年3月27日，经中国证监会批准，新成立的南方基金管理公司和国泰基金管理公司分别发起并设立了规模均为20亿元的两只封闭式基金——“基金开元”和“基金金泰”，由此拉开了中国证券投资基金试点的序幕。直到2001年9月才出现第一只开放式的公募基金华安创新，距离第一只封闭式基金有三年半的时间。在美国市场同样如此，先有封闭式基金再有开放式基金。

后来又接连发行几十只封闭式基金，这些基金的封闭期通常为十年到二十年。在2003年之后入市的投资者对于封闭式基金的最大印象就是折价，通常封闭式基金不能申购赎回，但可以在二级市场交易，所以封闭式不仅具有净值还有交易价格，所谓的折价率 =（基金净值 - 交易价格）÷ 基金净值，在最高的时候这个折价率达到近40%。根据数据统计，封闭式基金的业绩都是非常优异的，那些以折价从二级市场买入封闭式基金的投资者更赚得盆满钵满。

在传统封闭式基金相继到期之后，2007年出现创新型的封闭基金，就是采用分级模式的瑞福基金，但不久之后分级基金引入申购拆分与合并赎回的模式之后变成开放式基金了。2015年出现的创新型的封闭式基金就是投资于受限流动股的定增基金，但随着证监会对于受限流动股政策的改变，定增基金发展也戛然而止。伴随着2016年与2017年东方红系列基金的优异业绩，东方红模式的封闭式基金异常火热。

或许从封闭式基金的历史中，我们发现从封闭到开放是一种进步、一种趋势。但是从开放到封闭的东方红模式是否会持续呢？

2. 封闭式基金的优劣

封闭式基金相较开放式基金的最大特征就是有封闭期，在封闭期投资者无法申购赎回。关键词“封闭期”到底是“天使”还是“魔鬼”呢？接下来我们从基金公司、销售机构、投资者三个视角进行分析。

在分析优劣之前，必须要说明基金公司与销售机构的利益关系。基金有认购费、管理费、托管费等表面费用，还有交易费等隐性费用，当然这不是本章的重点。销售机构之所以销售基金，是为了赚取销售费用，换句话说，就是满足客户需求。基金公司与销售机构是如何分蛋糕的呢？ 通常认购费的 100% 与管理费的 50% 归销售机构，而且在大多情况下销售机构与托管机构是同一家银行，剩余管理费的 50% 归基金公司（特别说明：管理费是每日根据基金资产管理规模计提的）。

根据笔者的经验，约 90% 以上的基金规模是持续缩小的。所以封闭式可以锁定基金规模，从而保证未来管理费的稳健收取。一定会有人说，如果业绩好，规模便可以持续增长，封闭式岂不是限制了基金规模？ 东方红已经回答你这个问题了，可以发 2 号、3 号、4 号……在可以首募一定规模的前提下，销售机构与基金公司都喜欢封闭式基金。

投资者在面临封闭式基金时如何抉择？假设封闭期为三年，唯一可以确定的是投资者将付出三年的管理费、托管费及交易费，根据历史经验，这些费率合计每年为 4%~5%。如果这只基金可以每年跑赢市场 4%~5%，投资这样的封闭式基金才划算。在最近半年投资者追捧东方红、中欧、兴全封闭式基金，势必押注其未来三年的业绩大幅跑赢市场。假定当前上证综合指数为 3400 点，预计这些基金在三年之后可以获取正收益的概率极大，再乐观一些，有 80%~90% 的概率可以获取正收益，但是有多少概率可以跑赢市场便不可知了。如果以沪深 300 作为业绩基准，2017 年跑赢沪深 300 的基金占所有偏股型基金的比不超过 10%，如果招商银行附赠一个跑输市场保险，我也愿意购买封闭式基金，否则我还是更喜欢指数基金。

在封闭式基金面前，基金公司与销售机构的利益是确保的。投资者相当于免费出让收取三年管理费期权给基金公司与销售机构，而心里只能默默祈祷基金未来的业绩如同其历史业绩一样辉煌。

封闭式基金折价之谜，不仅适用于美国市场，也适用于中国市场。封闭期基金折价率取决于投资者对封闭式基金未来业绩的预期与封闭式基金未来确定费用之间的衡量。如果预期封闭式基金跑赢市场收益 + 基金费用，则基金会溢价，否则都会折价。东方红封闭式基金在场内小幅溢价的原因，主要是因为其场内规模太小，场内规模占比总规模不到 10%，再者就是东方红的明星效应。

私募基金的困境：私募基金通常封闭期为一年，收取管理费与业绩报酬，私募基金的销售费用远远高于公募基金，如果私募基金到期没有业绩提成，私募管理人将颗粒无收，认购费与管理费以及业绩报酬的 50% 都归销售机构所有。私募基金如果想赚钱，唯有在有限的时间内获取正的超额收益，如果你是私募管理人，会如何做？相比私募基金，买东方红模式还是比买私募强很多！

3. 东方红模式是否会持续

东方红模式是否持续的关键是投资业绩是否可以持续。根据历史经验，基金业绩不可持续。但凡聊到基金业绩分析，大家最为诟病的问题就是基金业绩不可持续，其实仔细想想这也是市场属性，或者说本该如此。如果基金业绩都是持续的，就根本不需要什么基金研究了，投资者直接购买历史业绩最好的基金就行了。再设想一下，如果所有的钱都购买排名第一的基金，那其他基金还有存在的必要吗？

美国主动基金历史上最著名的共同基金经理非彼得·林奇莫属。彼得·林奇的基金经历职业生涯为 1977—1990 年，这个时期明星主动基金业绩大幅超越市场指数。

东方红模式是否可以持续、可以持续多长时间，谁也不知道，但是我们可以找一个基准，那就是彼得·林奇。彼得·林奇的超额收益持续了 13 年，如果以此计算，东方红模式还有 8~9 年的生命周期，如果再长，它便可以刷新彼得·林奇的纪录了。东方红模式的未来，让我们拭目以待吧……

第 30 章 养老需要多少钱？如何借助资产配置提前布局

养老需要多少钱？随着年龄的增长，这个问题变得越来越迫切。尤其对于那些收入在中等水平的中年职场人，按现有养老金政策，如果现在工资为每月 2 万元，估计到退休每月最多也就领取不到 4000 元的社保养老金。除此之外还有另外一个事实，全国各省、市、自治区中，社保资金尚有结余的仅有几个。

养老是一个普遍问题，让我们来看看美国人是如何养老的。如图 30.1 所示，在美国养老体系的金字塔结构中，底层同样为基础社会保障，如同我们俗称的社保；社保之上是家庭自有房产，通过房产出租或者卖出可以获取现金流；在自有房产之上是雇主发起式退休金计划（401K 账户）与个人退休金账户（IRA 账户）；除此之外还有其他资产，例如家族信托、企业股权等，这些跟我们普通人关系不大。通过美国养老经验得出结论，养老主要还是依靠基础社会保障、家庭自有房产与个人退休金账户（401K 账户或者 IRA 账户）。其中个人退休金账户中有 55% 左右为共同基金（在中国称为公募基金）。

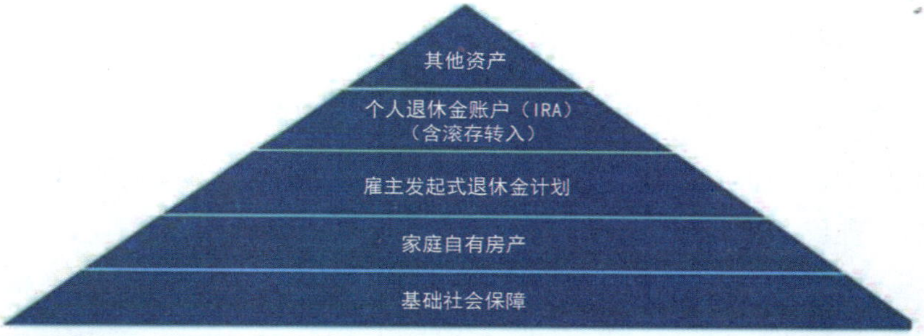

资料来源：ICI，《美国养老体系的成功》。

图 30.1 美国养老体系金字塔

养老需要多少钱？美国经验是退休需积累 25 倍年养老金缺口钱（简称 25 倍理论），年养老金缺口 = 退休后估计年支出金额 - 年社保养老金（包括固定福利养老金），这来源于 William Bengen 和 Trinity Study 的所谓“4% 安全提取率”法则，也就是说对于 65 岁退休人士，如果退休时有 100 万元，每年按初始养老金的 4% 提取（即 4 万元），并且按通货膨胀率调整，养老资产的股票配置比例在 50% 以上，坚持提取 30 年不耗尽（起码可以花到 85 岁），在美国历史上成功率接近 100%，将 4% 取倒数就是需积累 25 年养老金缺口的资金。

在中国，假设老王退休前工资为每月 20 000 元，退休后每月可以领取 4000 元养老金，预计退休后每月消费为 10 000 元，则老王的年养老金缺口 =12×（10 000-4000）元 =7.2 万元，根据 25 倍理论，老王需要准备 180 万元。其中没有考虑到房租收入，在中国估计很多人没有房租收入。即便如此，这个理论结果也是建立在各种假设前提上面的。

在退休之前如何积攒养老金，在退休之后如何管理养老金，都是我们需要思考的问题。不同资产在不同市场环境中表现也不一样，例如：

家庭房产——中国房价之高估计工薪阶层已经难以承受，现在一线城市中房产的租售比仅为 1%，而且大多数家庭没有空置房产出租。父母也不会因为养老需求变卖房产，因为中国父母的房产通常都会传承给子女。对于绝大多数工薪阶层而言，家庭房产在养老中扮演的角色仅是居所而已，不会出租或变卖为养老提供现金流。

固收资产——顾名思义为投资者提高固定现金流，例如银行理财、国债、债券型基金等。这类资产面临最大的敌人是通货膨胀。通货膨胀时刻提醒我们钱不能仅存在银行。

权益资产——抵御通货膨胀最有效的武器便是权益资产，从 2005 年至 2017 年 11 月沪深 300 指数的累计收益率为 307.37%，如图 30.2 所示，如果加上股票分红，累计收益率为 398.07%，对应的复合年化收益率分别为 9.25% 与 10.62%。长期而言，沪深 300 指数的收益率还是非常不错的，中证 500、中证 800 以及消费行业、医药行业等指数同期收益都还要比沪深 300 高很多。与此截然相反的结果是，有 70% 的股票型基金投资者是亏损的，其中缘由主要为投资者未能坚持长期投资，为何投资者无法坚持长期投资呢？因为市场波动率太高，在 2008 年沪深 300 指数的最大回撤高达 70%，2015 年沪深 300 指数的最大回撤也达到了 40%。

投资养老虽需要长期投资，但是不能盲目进行长期投资，投资养老需要借助有效的资产配置。什么是有效的资产配置呢？将风险控制在可承受风险范围内，追求投资收益的最大化。如何去理解这个定义？我认为，首先在资本市场中，正因为我们承担了风险才能获取收益，而且时间越长这个收益的确定性越高。据此要获取正的风险收益，就必须坚持长期投资，但是如何才能坚持长期投资呢？必须通过资产配置将投资组合风险控制在我们可以承受的范围内。尤其对于个人投资者而言，投资组合的风险就是最大回撤，例如投资者可以承受的最大亏损为 10%，则 10% 就是投资者的心理防线，如果跌幅超过 10%，投资者便忐忑不安，无法坚持继续持有，所以必须通过资产配置的方法控制各类资产权重以控制投资组合的最大回撤，这样才能有助于投资者的长期投资。

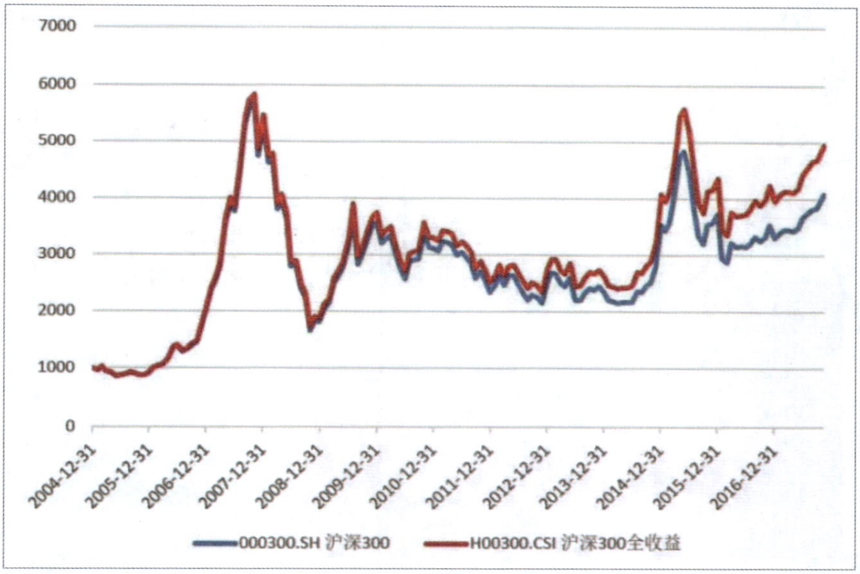

图 30.2　2015—2017 年沪深 300 指数

最近监管机构发布的《养老目标证券投资基金指引》指出，未来养老基金最主要的两种模式为目标日期基金与目标风险基金。预计随着中国个人所得税制度的改革，以及养老第三支柱的建立，目标日期基金与目标风险基金将迎来大发展，以满足投资者的养老投资需求。在目前公募基金可投资范围内，控制风险方式就控制股票资产的仓位，并根据大数据系统助力资产配置，以获取市场 Beta 收益为主，以此为投资理念的基金称为目标风险基金。

第 31 章
故事 1：理财师汤姆的纠结

（故事纯属虚构）

在 20 世纪 80 年代的华尔街，有一位汤姆，他是 SunBank 银行的资深理财师，负责向客户推荐各种理财产品。在 SunBank 华丽的大堂，汤姆每天西装革履迎来送往，日复一日地向客户介绍各种基金、保险、信托等金融产品，这样的工作已经坚持十年了……

有一天汤姆看新闻，新闻上说有一位叫索罗斯的对冲基金经理业绩非常不错，为此汤姆还专门向在负责金融产品采集部门的哥们儿杰瑞请教，为啥不引进索罗斯负责的基金产品销售呢？杰瑞回答，人家不给销售费用，就算他的产品再好卖，但是不给我们销售费用，那有什么用？我们去喝西北风吗？听到这句话，汤姆迷茫了。

夜里汤姆久久不能入睡，还在想着白天跟杰瑞的对话。汤姆终于明白了，自己每天都向客户重复说的“客户利益至上”的口号似乎是假的。一个没有销售费用的好产品，银行根本不会销售，销售规模再大，银行也没钱给理财师发工资……所以 SunBank 选择产品的标准是产品好坏与销售费用高低。通常越好的产品销售费用越低，越差的产品销售费用越高……

自从发现这个秘密之后，汤姆虽然还是日复一日地工作，但是内心更加纠结了。到底应该以客户利益为重，还是以公司利益为重？其实在那个时代，跟汤姆类似的资深理财师有很多，相对于更为庞大的客户投资需求而言，又显得少之又少……

巴菲特（不是股神巴菲特）是汤姆的老客户，因为汤姆为人忠厚，总是给他选择指数基金，而非高费率的主动基金，有句俗话“省下的就是赚到的”，久而久之指数基金的业绩远超主动基金，巴菲特对汤姆非常信任。他最近也发现汤姆似乎与之前有所不同，总是眉头紧锁，便跟汤姆拉起家常，汤姆把自己的纠结告诉了巴菲特……巴菲特安慰汤姆说，你的纠结证明你是一个善良诚实的理财师。我支持你成立自己的理财工作室，你替我选择（全）市场上最好的产品，不要考虑它们有没有销售费用，我直接付给你投资咨询费。

很多如同汤姆一样的资深理财师纷纷从大银行、大券商出来，自立门户成立自己的工作室。他们不再接受产品方的销售费用，而是收取客户的投资咨询费，这样他们才能全心全意地为客户服务，“客户利益至上”再不是一句冠冕堂皇的口号。

也是在那个年代，以指数基金为核心产品的先锋，折扣券商嘉信理财等公司的崛起，以及成千上万独立理财师的出现，相辅相成地造就了美国现在资产管理行业架构的雏形。在 2017 年，以指数基金为核心的资产管理公司贝莱德管理规模近 6 万亿美元，先锋集团管理规模也近 5 万亿美元，远远地将（主动管理模式的）富达基金甩开。

美国指数基金大发展的基础是美国的独立理财师体系，目前中国理财市场的状态如同美国20世纪80年代，就职于银行、证券的理财师们还在纠结……

第 32 章
故事 2：约翰·博格是如何使用“旁门左道”砸了同行金饭碗的

（本故事纯属虚构）

在美国资产管理行业有一位传奇人物名叫约翰·博格，他的一个决定与他的努力改变了整个行业，如果说美国资产管理行业谁为投资者赚取的回报最多，非约翰·博格莫属，当然在此之前你必须承认“省下的就是赚到的”。

在20世纪80年代之前，美国的资产管理行业都以主动管理基金为主，已愈不惑之年的约翰·博格已经在资产管理行业打拼近二十年了，他亲眼目睹了一些所谓的基金经理是如何挥霍投资者资产的。因为基金要交易股票，基金的交易佣金比散户还高，为什么？ 因为这些收取佣金的大投行基金经理提供了研究报告，除此之外还有更多的软性支出，专业名词称为“软美元”（Soft Dollar）。

在“软美元”交易中，基金管理人与经纪商协商，通过经纪业务来换取研究报告或者其他经纪商服务，如果基金管理人利用经纪商提供的研究报告等服务于其他与此基金无关的交易从而令自己受益，或者完全不考虑客户的利益导致客户成本的增加，这种情况下“软美元”交易是不合理的；如果基金管理人是善意的，并且考虑到了经纪商提供的经纪服务和研究服务对基金的价值，这种情况下“软美元”交易是合理的，基金管理人可以免责。

在美国历史上，基金投资者亏多赚少，约翰·博格也一直在思考其中的缘由。“是投资者不理智的高抛低吸造成的”，似乎这个理由可以让普通人信服，但是约翰·博格隐约觉得还有更深层的原因。随着约翰·博格从业时间的增加与行业经验的积累，他离这个问题的答案越来越近。经过初步计算，约翰·博格发觉主动基金的运营成本之高令人瞠目结舌，1.5% 的管理费 +0.25% 的托管费 + 杂七杂八各种固定费用，以及令人不易察觉的交易费用（佣金 + 印花税 + 不止年化 8 倍的换手率），合计起来占基金规模的 4%~5%。在那个时代，美国的 GDP 增速都不到 5%，如果一只基金每年的运行成本高达 4%~5%，主动基金作为一个整体是不可能赚钱的…… 即使有赚钱的那也是市场给的，俗称行情。约翰·博格深信唯有低成本投资才可以长期获取市场收益！

在约翰·博格荣升基金公司总裁之后，他开始大刀阔斧地改革，降低基金交易费与管理费、托管费等。但是改革触碰到原有既得利益者的蛋糕，如果降低管理费，公司利润会受到影响，股东不高兴；如果降低交易费，不能再坐头等舱、住奢华酒店调研了，投研人员不高兴。基金公司本不是号称“投资者利益至上”吗，为什么可以给投资者带来好处的改革，在基金公司内部反而有如此大的阻力呢？约翰·博格陷入深深的疑惑，公司内部对他愈发排挤，并趁其出差的时候开会罢免了他的总裁职务……

约翰 · 博格并未因此一蹶不振，反而在不惑之年开始创业，成立新的基金公司，名为 Vanguard，寓意为茫茫大海中的独行先锋战舰。但是摆在约翰 · 博格面前的是一个所有企业家都难以解决的问题，尤其是在资产管理行业，即如何解决客户利益与股东的利益之间的矛盾。经过数个不眠之夜之后，约翰•博格与他的战友们，创造了一种新的基金公司结构，名为 Vanguard 架构。

基金投资者，即为基金份额的持有者，同样也是基金公司的股东。基金采取公司制模式，在扣除基金所有成本之后的收益全部归基金持有人，即基金公司股东。基金公司为持有人赚钱，就是为股东赚钱，不再计提固定比例管理费，所以随着公司管理规模的扩大，基金费率持续降低。这种开创式基金公司架构，在起初被同业称为“旁门左道”，并预言先锋基金必然会失败。恰恰是这种被视为“旁门左道”的模式，砸了称其为“旁门左道”的人们的金饭碗，随之带来的是资产管理行业的 Vanguard 效应。

管理规模 30 年规模增长 30 万倍：Vanguard（先锋），通过不懈的努力降低基金投资成本，并且带动整个行业的管理费率下降。Vanguard 管理规模增长可谓神速，规模从 1985 年的 0.11 亿美元，通过 30 年的时间增加到 3.2 万亿美元，增加约 30 万倍。

促进对冲基金行业兴起：Vanguard 导致原有“躺着赚钱”的资产管理模式不再，公募基金经理工资水平走低。这触发了真正有能力的投资经理的创业潮，各种对冲基金遍地开花，随之就是业绩的真刀真抢的 PK。

High Alpha Cheaper Beta 投资理念的形成：超额收益是极其稀少的，如果可以获取超额收益，便可以提取较高的业绩提成，如果是指数投资获取市场的 Bate 收益，成本越低越好……

基金公司直通交易所：在 Vanguard 模式之前，所有的基金公司都需要通过证券公司进行交易并缴付高额佣金。先锋基金直接对接交易所降低交易费用，指数化投资不需要什么选股研究，随着先锋基金规模增长，交易量增大，为市场提供流动性，交易所每年还要支付先锋费用，当然这些收入都归基金持有人所有。另外，指数基金还是市场最大融资融券业务的券源提供者，这样基金又多了一笔融券收入，同样归基金持有人所有，最后导致基金的运作成本为零，或许还有盈余。

作为金融从业人士，或许你会认为约翰·博格毁了我们这个行业（暗指砸了大家金饭碗），图什么呢？或许人家是为了理想，但是正因为约翰·博格的先锋效应，将这个已经进入死循环的资产管理行业（成为投资者身上的寄生虫），从黑洞之中拉了出来，让它步入正轨，全心全意为投资者服务，不惦记自己的那点利益，以倒逼模式促进大家转型与提升服务……无论如何，约翰·博格都是资产管理行业的一位传奇人物。